JN225749

ウェルビーイング経営の 考え方と進め方

健康経営の新展開

森永 雄太 著

労働新聞社

はじめに

　本書の目的は、ウェルビーイング経営という考え方とその取り組み方について紹介することです。

　ウェルビーイング経営という言葉は、多くの人にとってなじみのない言葉だと思います。アメリカ心理学会による心理学大辞典によればウェルビーイングとは、「幸福感や満足感があり、それほど大きな悩みもなく、身体的、精神的に健康で、生活の質も高い状態のこと[1]」と説明されており、非常に広い意味を含む概念です。

　このような従業員のウェルビーイングへと働きかけることを通じて、組織の業績を高めていこうとする考え方がウェルビーイング経営の基本的な考え方です。

　もちろん従業員のウェルビーイングやそれを実現する福利厚生を重視する経営そのものは、我が国において決して新しい考え方ではありません。皆さんのなかにも、休みの日には会社の保有するテニスコートで汗を流し、たまの連休には家族で保養施設に行って英気を養っている、という方も少なくないのではないでしょうか。

　またウェルビーイング経営は、2000 年以降日本でも徐々に注目を集めるようになった「健康経営[2]」の考え方と共通する部分の多い考え方です。ただし従来の福利厚生では、経営的効果を必ずしも重視してきませんでした。また健康経営は、どちらかというと従業員の病気を未然に防ぐことよりも、不調に陥った従業員を早期発見し、早期に治療し、復帰までを支援することに

1　VandenBos, G. R. (2007) *APA dictionary of psychology.* American Psychological Association.（繁枡算男・四本裕子監訳『ＡＰＡ心理学大辞典』培風館 , 2013 年）

2　「健康経営」® は特定非営利活動法人健康経営研究会の登録商標である。

重点を置いてきたといえます。

　これに対してウェルビーイング経営は健康経営をより拡張的にとらえたうえで、これまで経営学が取り組んできた組織の業績向上との結びつきをより重視しようとする考え方です。

ウェルビーイング経営の特徴

　「皆さんは、健康ですか？」と問われればどう答えるでしょうか。風邪をひいている時であれば、「健康ではありません」と答えるでしょう。しかし、風邪はひいていないけれど寝不足の日が続いて昨日の疲れを引きずっているな、とか、仕事がうまくいかずここ最近塞ぎこみがちだな、という時はどうでしょうか。健康とは「病気でないこと」なのでしょうか。

　ＷＨＯ憲章では、「健康とは、病気でないことや弱っていないことではなく、肉体的・精神的・社会的に完全に満たされた（ウェルビーイングな）状態」と定義されています。従業員が健康であることは、本来、病気でない状態を実現するだけではありません。しかし、一般に私たちが「健康」という言葉を用いる時には、「病気でない」という意味で用いることも多いように思います。

　一方で私たちは、健康で活力にあふれており、人生や仕事に前向きに取り組めている状態をなんと呼んできたでしょうか。組織で働く従業員がそのような状態にあることをなんと呼んできたでしょうか。適切な用語が思いつかない、という人もいるかもしれません。本書では、このような状態を表す用語としてウェルビーイングという概念に注目し、従業員のウェルビーイングに注目するマネジメントであるウェルビーイング経営という考え方を紹介するものです。

　ウェルビーイング経営も従業員の健康を重視する点は健康経営と同じです。しかし強調すべき特徴として以下の３つのポイントがあります。１つ目のポイントは、すでに述べたように病気でない状態を実現するだけではなく、

組織や職場に愛着を持ち、仕事に前向きに取り組んでいる状態を作り出すことも同様に重要であると考える点です。心身ともに健康で、職場にも満足しているけれど、日々の仕事は頑張っていない、というような従業員を生み出すことはウェルビーイング経営の真の目的ではありません。健康という土台の上に仕事に対するやりがいや熱意というものをはぐくんでいくことが重要だと考えています。

　2つ目のポイントは、組織全体が直面するウェルビーイング課題を解決していくことも重視している点です。従業員のウェルビーイングが低い原因を従業員のライフスタイルだけに求めるのではなく、組織や職場全体が直面する課題や問題に原因を見つけてウェルビーイングの向上を目指します。

　3つ目のポイントは、従業員自身が職場におけるウェルビーイングに関心を持ち、知識を持ち、実際に行動に移させるような主体性の喚起とセルフマネジメント能力を高めることを重視している点です。たとえ従業員のウェルビーイングの状態が高かったとしても、上司や推進部署による指導に「おんぶにだっこ」という状態はウェルビーイング経営の目指すところではありません。言い換えれば、自らウェルビーイングな状態を保てる人材、自らウェルビーイングな状態を作り出せる人材を教育・育成していくことがウェルビーイング経営の目的だといえます。

　従業員のウェルビーイングを重視するというと従業員を甘やかしていると感じる人もいるかもしれません。確かに従業員にとって会社が自分たちのウェルビーイングに配慮してくれるというのは望ましい環境だと思います。しかしウェルビーイング経営は、決して「甘いだけ」ではありません。

　そもそも企業は従業員が自分のウェルビーイングを保ち、増進し、高い業績を持続できることを期待して投資をしています。したがって従業員は、ウェルビーイング経営のもとでは、自らのウェルビーイングを損なうリスクを伴う行動（例えば喫煙など）をとらないようにすることが求められます。また、職場にいる間は、ウェルビーイングを職務の遂行へと方向付けることも求められます。

さらに、「自分のウェルビーイングは自分の問題だから放っておいてくれ」というわけにはいかなくなる、という側面もあります。極端に言えば、どんなに忙しい時でも自分の生活習慣を崩すことなく健康的な生活を続けることが期待されるわけです。病気やケガには本人がコントロールできない部分があるのは当然です。しかし、コントロールできる部分に関しては従業員が自己管理していくことを期待されるようになります。

　皆さんの中にはこのような扱いを少々厳しいと感じられる人もいるかもしれません。しかし、従来よりも働く期間が長くなりつつある現代社会においては、長く、元気に働くために健康な状態を保ち活力を維持することが重要だと考えられるようになってきました[3]。こういった行動が求められることもある程度は、仕方がないことなのかもしれません。

　もちろんウェルビーイング経営は従業員にとって厳しいだけでもありません。中長期的に見れば従業員にとってプラスの側面が大きいと考えられます。ウェルビーイング経営を実践する企業で働くことを通じて、ヘルスリテラシーや自己管理能力を身に着けることになるからです。従業員にとって、自分のヘルスリテラシーの向上とその結果としてのウェルビーイングの向上は一生つきまとう問題です。組織で働いている間はそのウェルビーイングを活用して生産性を高く保つことができるはずです。仮に会社を変えたり、転職したとしても、その自己管理能力は、新しい職場で活用することができます。さらに、若い時から健康やウェルビーイングを自己管理する生活を送っていれば、年を重ねた後にその恩恵をもっとも享受するのは結局従業員本人であるといえるでしょう。

　組織と個人の関係性は１つではありません。ですから、従業員のウェルビーイングに対して組織は必要以上に介入しないという関係性もあり得ます。一方で、組織が従業員のウェルビーイングに対して積極的に介入するという関

3　Gratton, L., & Scott, A. (2016) *The 100-year life: Living and working in an age of longevity.* Bloomsbury Publishing.（池村千秋訳『ライフシフト　100年時代の人生戦略』東洋経済新報社, 2016年）

係性をとることもあり得ます。多くの組織はこの間でバランスをとりながら従業員との適切な関係性を構築しているのだと思います。後者に近い関係性を想定した上で、様々な施策に取り組む経営を、ウェルビーイング経営と呼ぶことができるでしょう。

本書で取り上げる3つの疑問

　ウェルビーイング経営の特徴を理解していくと、それほど一般的な考え方というわけではないということがご理解いただけたかと思います。身の回りにそういった会社を見たことがないという人もいるかもしれません。そういった人にとっては、ウェルビーイング経営の考え方を実践すると自分の会社がどういう会社になるのかを想像することは難しいでしょう。ましてやそのような会社にするために自社でどのような取組みを始めればよいのかは想像がつかないことと思います。そこで本書では、読者の皆さんの多くがはじめに抱くであろう、3つの疑問に答える形でウェルビーイング経営とその進め方について説明していきたいと考えています。

---

①なぜ、いま、ウェルビーイング経営に取り組む必要があるのか
②先進事例から何を学ぶべきなのか
③どのように始めればよいのか

健康経営の新展開としてのウェルビーイング経営

　1つ目の疑問は「なぜ、いま、ウェルビーイング経営に取り組む必要があるのか」という疑問です。第I部では、この疑問に対してお答えしていきます。そもそも私がウェルビーイング経営という言葉を用いるようになった背景には、この20年ほどで日本でも多くの企業が熱心に取り組むようになってきた健康経営という考え方があります。第I部では健康経営とは何か、健康経

営が注目されるようになった背景、および健康経営に期待されている成果と現状抱えている課題について説明していきます。その上で、ウェルビーイング経営とは何なのか、なぜ健康経営を進めていく上での新展開としてウェルビーイング経営という考え方が必要になってきたのか、について説明していきます。

先進事例に学ぶ

　本書の第Ⅱ部では「先進事例から何を学ぶべきなのか」と題して、表層的な課題を超えた真の課題とその解決策について先進事例から学んでいきます。

　通常、人事や総務の担当者が新しい制度や仕組みを学び、自社に取り入れる際に重視するのは、先進事例の研究ではないでしょうか。事実、ダイバーシティ推進でも、テレワークやフレックスタイム制においても、人事関連の新しいトピックが普及するプロセスでは必ず、多くの先進事例が紹介されます。健康経営という新しい考え方を組織に導入しようとする企業の担当者であれば、健康経営銘柄に選出されている企業で運用中の施策を学び、取り込めるところは取り込み、社内の事情に合わせて調整する必要がある部分については修正を加えていく、ということをされることが多いのではないかと思います。

　しかしながら、新しい考え方であるウェルビーイング経営には「事例」がまだ十分にありません。もちろん健康経営の事例がヒントになりますが、健康経営に熱心に取り組んでいる企業のすべてがウェルビーイング経営の観点から「も」先進事例とは限りません。ウェルビーイング経営を推進しようとする企業の担当者には、健康経営の先進事例でかつ、ウェルビーイング経営の先進事例となる企業を見分けて参照する必要があるでしょう。本書では、とりわけウェルビーイング経営の考え方に近い先進事例としてＳＣＳＫ株式会社（以下、ＳＣＳＫ）と株式会社フジクラ（以下、フジクラ）をとりあげ

ます。これらの企業の事例を学びながら、先進企業が直面する問題に対して
どのように対処しているのかについて紹介していきたいと思います。

ＨＨＨの会での実践から

　本書の第Ⅲ部では、私が 2016 年 4 月から 2017 年 3 月の 1 年間、「攻め」
の健康経営に関心をもつ企業の皆さんと実施した研究会「ＨＨＨの会」にお
ける実践について紹介していきます。このＨＨＨの会での実証的な取組みの
成果をもとに、「どのように始めればよいのか」という疑問に答えていきます。
もちろん、どのように始めればよいのかについて、すべて答えられるわけで
はありません。研究会を通じて得られた知見をもとに、いくつかの重要ポイ
ントを強調したいと考えています。ＨＨＨの会には非常に規模の大きい会社
にも参加いただきましたが、それほど規模の大きくない会社にも多数参加い
ただきました。また地方自治体にも参加いただきました。組織の規模や特性
を超えて、これから始めてみようという組織がどのようにウェルビーイング
経営の実践を始めたのかについてその成果と共に紹介できればと思います。

ウェルビーイング経営を展望する

　加えて本書では、第Ⅳ部展望編にて「ウェルビーイング経営をいかに浸透
させるか」という問いを取り上げています。ウェルビーイング経営は 1 つの
施策を取り入れたら完成するわけではありません。ウェルビーイング経営を
開始した後、どのように組織全体に浸透させていけばよいのでしょうか。
　第Ⅳ部では、ウェルビーイング経営を継続的かつ体系的に取り組む上での
今後の展望とその取組みをけん引する推進担当者に求められるスキルについ
てまとめています。展望編という性質故、第Ⅳ部については、それまでの 3
部と異なりやや雑駁な印象をお持ちになる方もいるかもしれません。しかし
こういった議論をきっかけに、ウェルビーイング経営を実践し、継続してい
くことに興味を持つ読者が増え、新しい取組みへと結実していくことを期待

しています。

想定する読者と本書の構成

　本書は、健康経営やウェルビーイング経営に関心を持つすべての方にお読みいただきたいと考えています。中でも自社の従業員のウェルビーイングや健康状態を向上させることと生産性の間に相乗効果を見出したいと考えている企業経営者や、「攻め」の健康経営に取り組みたいと考えている健康増進施策の推進担当者、産業衛生の専門職の方、社労士や健康経営アドバイザーで健康増進施策の推進を支援する専門職の方にもお読みいただきたいと考えています。

　また本書は、健康を切り口としたウェルビーイング経営の実践の記述が中心ですが、ウェルビーイング経営そのものは様々な切り口で成し遂げられるべきものだと考えています。その意味では、人事部にお勤めの方、とりわけ人材開発・組織開発に関心をお持ちの方やキャリアコンサルタント・産業カウンセラーにもお読みいただければと考えています。

　最後に人事管理に関心を持つ研究者や大学院生にもお読みいただきたいと考えています。今後従業員の健康問題をマネジメント上の重要な問題として扱っていく際の入門書となればと考えています。

目　　次

はじめに　　………………………………………………………………………… 3

第Ⅰ部【理論編】なぜ今、ウェルビーイング経営か………………… 15

第1章　健康経営への注目と課題 ……………………………………… 16

1.1　健康経営とは何か____ 16
1.2　健康経営に期待される成果____ 19
1.3　健康経営をはじめる____ 22
1.4　健康経営は一連のプロセス____ 24
1.5　健康経営評価：構造・過程・成果____ 27
1.6　健康経営の「過程（プロセス）」の評価____ 30
1.7　まとめ____ 34

第2章　経営学における従業員の健康問題 ……………………………… 35

2.1　ヘルシーカンパニーを超えて____ 35
2.2　フィラデルフィア調査____ 36
2.3　メイヨーとホーソン工場実験____ 39
2.4　人間モデルの転換：「Y理論」への注目____ 40
2.5　動機づけ―衛生理論____ 41
2.6　見過ごされた健康へのまなざし：デイリーモチベーション調査の分析結果をもとに____ 44
2.7　まとめ____ 47

第3章　ウェルビーイング経営の特徴 …………………………………… 48

3.1　基盤としての健康への再注目____ 48
3.2　生産性と健康の両立を目指す理論的基盤：仕事の要求度―資源モデル____ 51
3.3　健康経営からウェルビーイング経営へ____ 55
　3.3.1　ウェルビーイング経営の特徴①：促進効果への注目____ 56
　3.3.2　ウェルビーイング経営の特徴②：ポピュレーションアプローチへの注目____ 57
　3.3.3　ウェルビーイング経営の特徴③：セルフマネジメントへの注目____ 57
3.4　なぜウェルビーイング経営なのか____ 58

3.5　ウェルビーイング経営の実践＿＿ 60
　3.5.1　従業員のウェルビーイングとは＿＿ 60
　3.5.2　生産性 / 業績とは＿＿ 63
　3.5.3　ウェルビーイング経営の具体的施策＿＿ 65
3.6　まとめ＿＿ 68

第Ⅱ部 【事例編】先進事例から何を学ぶべきなのか ……………………… **69**

第4章　先進事例に学ぶ ……………………………………… **70**

4.1　ウェルビーイング経営に立ちはだかる３大問題＿＿ 70
　4.1.1　事例がない問題＿＿ 70
　4.1.2　成果が測れない問題＿＿ 71
　4.1.3　参加者がいない問題＿＿ 71
　4.1.4　先進事例から何を学ぶのか＿＿ 72
4.2　「真似ぶ」からはじめる＿＿ 73
4.3　人事制度を読み解く＿＿ 74
4.4　プロセスと論理を学ぶ＿＿ 75
4.5　良い模倣と悪い模倣＿＿ 76
4.6　自分のフィールドに取り入れる＿＿ 78
4.7　まとめ＿＿ 80

第5章　先進企業の施策・プロセス・論理 ……………………… **81**

5.1　ウェルビーイング経営の先進事例＿＿ 81
5.2　ＳＣＳＫの施策を概観する＿＿ 82
　5.2.1　理念への反映＿＿ 83
　5.2.2　推進体制＿＿ 84
　5.2.3　特徴的な施策＿＿ 84
　5.2.4　施策の評価と測定＿＿ 85
5.3　ＳＣＳＫのプロセスを追体験する＿＿ 85
　5.3.1　トップが旗振り役となる経営改革＿＿ 86
　5.3.2　失敗と気づき＿＿ 87
　5.3.3　スマートワーク・チャレンジ20 ＿＿ 88
　5.3.4　健康わくわくマイレージ＿＿ 90
5.4　ＳＣＳＫの仮説と論理を読み解く＿＿ 92
5.5　フジクラの施策を概観する＿＿ 94
　5.5.1　理念への反映＿＿ 94
　5.5.2　推進体制＿＿ 95
　5.5.3　特徴的な施策＿＿ 96
　5.5.4　施策の評価と測定＿＿ 96
5.6　フジクラのプロセスを追体験する＿＿ 97

5.6.1　経営課題解決の鍵としての健康への注目＿＿ 97
5.6.2　フィジカルだけでなくメンタルにも＿＿ 98
5.6.3　個人単位と組織単位＿＿ 100
5.6.4　全体と部分＿＿ 101
5.7　フジクラの仮説と論理を読み解く＿＿ 102
5.8　まとめ＿＿ 104

第6章　実践に移る前に　　　　　　　　　　　　　　　　　　**105**

6.1　先進事例の共通点＿＿ 105
6.2　先進事例間で異なる点＿＿ 107
6.3　先進事例から学ぶべきポイントとは＿＿ 111
6.4　まとめ＿＿ 114

第Ⅲ部【実践編】ウェルビーイング経営をどのように始めればよいのか

115

第7章　ウェルビーイング経営を始める　　　　　　　　　　**116**

7.1　実践的研究会を通して始める：ＨＨＨの会とは＿＿ 116
　7.1.1　ＨＨＨの会の概要＿＿ 116
　7.1.2　ＨＨＨの会のスケジュール＿＿ 118
　7.1.3　参加企業や取組みの多様性＿＿ 120
7.2　共通施策の概要＿＿ 121
7.3　共通質問票の概要＿＿ 123
　7.3.1　プロフィール要因＿＿ 124
　7.3.2　従業員ウェルビーイング＿＿ 124
　7.3.3　業績＿＿ 129
7.4　研究会の学びポイント①：目指す従業員像は＿＿ 131
7.5　研究会の学びポイント②：対象とする従業員は誰か＿＿ 134
7.6　まとめ＿＿ 136

第8章　施策の成果をとらえるには　　　　　　　　　　　　**137**

8.1　全社員での取組み：ＪＴＢベネフィット＿＿ 137
　8.1.1　問題意識と施策の内容＿＿ 137
　8.1.2　施策の成果のまとめ＿＿ 141
8.2　特定部署における取組み：鎌倉市役所＿＿ 142
　8.2.1　問題意識と施策の内容＿＿ 142
　8.2.2　施策の成果のまとめ＿＿ 145

  8.2.3　オリジナル項目の分析＿＿ 147
  8.3　2つの取組みの成果の異同＿＿ 149
  8.4　まとめ＿＿ 152

第9章　従業員の参加を促し継続させるには　………………………………… 153

  9.1　ＪＴＢベネフィットの事例＿＿ 153
  9.1.1　参加状況の詳細＿＿ 153
  9.1.2　運動習慣のなかった参加者を増やす実践方法とは＿＿ 157
  9.2　鎌倉市役所の事例＿＿ 164
  9.2.1　参加状況の詳細＿＿ 164
  9.2.2　若手を巻き込む実践方法とは＿＿ 167
  9.3　2つの取組みのまとめ：施策に従業員を巻き込むには＿＿ 170

第Ⅳ部　【展望編】ウェルビーイング経営をいかに浸透させるか…… 173

第10章　ウェルビーイング経営の展開　………………………………… 174

  10.1　ウェルビーイング経営のローカル展開＿＿ 174
  10.2　キャリア開発の視点とジョブ・クラフティング＿＿ 176
  10.3　組織と従業員の期待の再編成＿＿ 179
  10.3.1　心理的契約のすり合わせ＿＿ 180
  10.3.2　管理職の役割認識のすり合わせ＿＿ 181
  10.4　まとめ＿＿ 182

第11章　ウェルビーイング経営を推進するには　…………………………… 184

  11.1　問題解決の自転車メタファーを超えて＿＿ 184
  11.2　専門性の落とし穴＿＿ 186
  11.3　リーダーシップへの幻想＿＿ 188
  11.4　四輪駆動で悪路をゆく＿＿ 189
  11.5　まとめ＿＿ 191

おわりに　………………………………………………………………… 192

  ウェルビーイング経営を推進するには＿＿ 192
  ウェルビーイング経営は優しい経営か＿＿ 193

第 I 部

なぜ今、ウェルビーイング経営か

　第 I 部はウェルビーイング経営の理論編です。ウェルビーイング経営とはどのようなもので、なぜ今注目を集めているのかについて説明をしていきます。

　第 1 章では、ウェルビーイング経営の背景として近年実務的な注目が高まっている健康経営の考え方と期待される効果を紹介するとともに、経済産業省商務情報政策局ヘルスケア産業課による「健康経営ガイドブック」をもとに一般的な実践方法について紹介していきます。

　第 2 章では、経営学が従業員の健康問題をいかに扱ってきたのかについて紹介していきます。近年の経営学では従業員の健康問題について十分に関心を払ってこなかったように見えます。しかし、古典的な経営学において従業員の健康問題は重大な関心事でした。従業員の健康問題がいかに軽視されるようになったのかについて紹介していきます。

　第 3 章では、ここまでの議論をもとに、ウェルビーイング経営という考え方とその特徴について説明していきます。そして、なぜウェルビーイング経営という考え方をあえて使わなければならないのかについて説明していきます。

第1章　健康経営への注目と課題

1.1　健康経営とは何か

　我が国でも、健康経営という考え方が徐々に浸透するようになってきました。健康経営は、特定非営利活動法人健康経営研究会理事長の岡田邦夫先生によって提唱された考え方で「利益を創出するための経営管理と、生産性や創造性向上の源である働く人の心身の健康の両立をめざして、経営の視点から投資を行い、企業内事業として起業しその利益を創出すること」と定義されています[4]。健康経営という用語そのものも特定非営利活動法人健康経営研究会の登録商標となっています。また、経済産業省による「企業の『健康経営』ガイドブック〜連携・協働による健康づくりのススメ〜」[5]では「従業員の健康保持・増進の取組が将来的に収益性等を高める投資であるとの考えの下、健康管理を経営視点から考え、戦略的に実践すること。(p.3)」と定義されています。これらの定義から、現在日本で注目されつつある健康経営とは、従業員の健康と組織の生産性の両立を目指す企業の取組みであると考えることができます。

　健康経営に熱心な会社とはどういう会社なのでしょうか。また健康経営に熱心な会社はどのくらいあるのでしょうか。経済産業省と東京証券取引所は、2015年より共同で、従業員等の健康管理を経営的な視点で考え戦略的に取り組んでいる東証上場企業の1業種1社を「健康経営銘柄」として選定しています。図表1−1をご覧ください。2018年2月20日には4度目の発表

4　岡田邦夫 (2015)「『健康経営』推進ガイドブック」経団連出版, p.10 − 11.

5　経済産業省ＨＰ「健康経営の推進」
　　(http://www.meti.go.jp/policy/mono_info_service/healthcare/kenko_keiei.html)

【図表 1 － 1　「健康経営銘柄 2018」選定企業】

社　　名	業種名	選定年			
		2018	2017	2016	2015
住友林業株式会社	建設業	●		●	
株式会社ベネフィット・ワン	サービス業	●			
味の素株式会社	食料品	●	●		
株式会社ワコールホールディングス	繊維製品	●	●	●	
花王株式会社	化学	●	●	●	●
塩野義製薬株式会社	医薬品	●	●	●	
テルモ株式会社	精密機器	●	●		●
コニカミノルタ株式会社	電気機器	●		●	●
バンドー化学株式会社	ゴム製品	●	●		
TOTO 株式会社	ガラス・土石製品	●	●	●	●
JFE ホールディングス株式会社	鉄鋼	●			
株式会社フジクラ	非鉄金属	●			
リンナイ株式会社	金属製品	●	●	●	
株式会社ダイフク	機械	●			
株式会社デンソー	輸送用機器	●	●		
凸版印刷株式会社	その他製品	●			
キヤノンマーケティングジャパン株式会社	卸売業	●			
株式会社丸井グループ	小売業	●			
株式会社みずほフィナンシャルグループ	銀行業	●			
リコーリース株式会社	その他金融業	●		●	
株式会社大和証券グループ本社	証券・商品先物取引業	●	●	●	●
東京海上ホールディングス株式会社	保険業	●	●		
フジ住宅株式会社	不動産業	●		●	
東京急行電鉄株式会社	陸運業	●	●	●	
ANA ホールディングス株式会社	空運業	●			
SCSK 株式会社	情報・通信業	●	●	●	●

出所：経済産業省 HP（http://www.meti.go.jp/press/2017/02/20180220002/20180220002.html）をもとに筆者作成

が行われ、26 社が選定されました。この中には 2015 年の認定開始以来はじめて選定された企業が 9 社ある一方で、4 年連続選定されることになった企業も 6 社含まれています。健康経営銘柄は 1 業種 1 社というきまりがありますから、たとえ熱心な取組みをされていたとしても、同じ業種により熱心な取組みをされている企業があれば選定されない場合もあります。また後述する健康経営度調査の評価結果が上位であることに加えて、直近 3 年間の

ＲＯＥ平均が０％以上の企業のうちＲＯＥ[6]が高い企業には一定の加点を行うことが明らかにされています。健康増進施策への取組みだけでなく、組織としての成果も伴っていることが求められることになります。

　そのため健康経営銘柄に選定されるためのハードルはかなり高いものとなっています。2018年度健康経営銘柄に選ばれなかった企業の中にも、健康経営に熱心に取り組んでいる企業はたくさんあります。このような熱心に取り組んでいるけれど選定から漏れた企業が顕在化しないのは非常にもったいないことといえるでしょう。

　また健康経営は大企業だけの取組みではありません。相対的に規模の小さい企業でも健康経営に熱心に取り組みはじめているところもたくさんあります。しかしいうまでもありませんが、東証一部上場企業を対象とした健康経営銘柄では、このような熱心な取組みを行っている中小企業を表彰することはできません。

　そこで2017年からは、健康経営優良法人制度（大規模法人部門、中小企業法人部門)がスタートしています。このうち大規模法人部門については「ホワイト500」と呼ばれ、当初2020年までに500社以上を認定するという目標を掲げて制度が開始されました。2018年2月20日に2回目の認定が行われ、大規模法人部門541社、中小企業法人部門776法人が認定されました。初年度の2017年は大規模法人部門235社、中小企業法人部門95法人でしたので認定企業は急激に増加し、当初の500社を認定するという目標を制度開始後2年で早々と達成したことになります[7]。

　これらの認証を受けるための健康経営度調査への回答企業数の変遷を見てみると、初年度が493社（健康経営銘柄のみが対象のため、回答企業はすべて上場企業）であったのに対して2017年度調査（2018年2月選定分）

6　ＲＯＥ（return on equity）とは、自己資本利益率のこと。税引利益と自己資本で割った比率のことを指す（有斐閣 (2004)『経済辞典（第4版)』）

7　経済産業省ＨＰ「健康経営優良法人認定制度とは」(http://www.meti.go.jp/policy/mono_info_service/healthcare/kenkoukeiei_yuryouhouzin.html)

には 1239 社が回答し、そのうち上場企業が 718 社、未上場企業が 521 社回答しています。健康経営調査に回答している企業の 40％以上が未上場企業となっています[8]。このように、健康経営はもはや大企業、上場企業のみが関係するトピックではなくなっています。後述するように、健康経営を実施することのメリットの中には労働市場における優位性、すなわち人材の確保における優位性の確保という効果も期待されています。中小企業の中には、こういったメリットにいち早く注目し、取組みを開始している企業もあるかもしれません。

1.2　健康経営に期待される成果

　ではなぜ、健康経営は注目を集めるに至ったのでしょうか。図表 1 － 2 をご覧ください。企業が健康経営にわざわざ取り組み始めた背景には、以下のような 4 つの狙いや期待があるようです[9]。

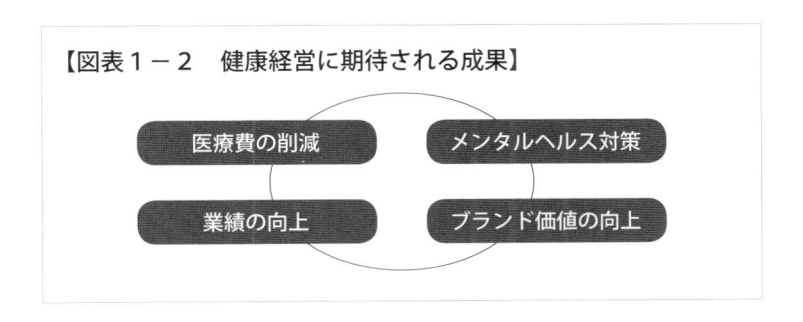

【図表 1 － 2　健康経営に期待される成果】

医療費の削減　　メンタルヘルス対策

業績の向上　　ブランド価値の向上

8　経済産業省ＨＰ「2018 健康経営銘柄選定企業紹介レポート」(http://www.meti.go.jp/policy/mono_info_service/healthcare/kenko_meigara.html)

9　経済産業省ＨＰ「健康経営の推進」(http://www.meti.go.jp/policy/mono_info_service/healthcare/kenko_keiei.html)

　上の2つは健康を損なうことによるマイナス効果を低減することを期待するメリットです。健康経営の予防的（prevention）な側面に注目するメリットとも言い換えられるでしょう。一方下の2つは健康を増進することで得られるプラス効果を期待するものです。健康経営の促進的（promotion）な側面に注目するメリットといえるでしょう。

(1) 予防効果①：医療費の削減

　健康経営にあたる英語は Health and Productivity Management といいます[10]。米国におけるこれらの一連の研究も日本における健康経営も、医療費の増加を食い止め企業の負担を結果的に軽くしようとする極めて現実的な課題に始まっています。

　厚生労働省による平成27年度国民医療費の概況によれば、平成27年度の国民医療費は42兆3644億円、前年度から3.8％の増加となっています。これは平成元年度の19兆7290億円の2倍以上となっています[11]。

　このような状況を背景に健康経営には医療費負担の削減、適正化が期待されています。もちろん避けられない病気やケガはありますが、健康経営を通じて、従業員の健康状態を維持増進すること、病気の発症や重症化を予防することで負担を軽くすることが期待できます。

(2) 予防効果②：メンタルヘルス対策

　2000年以降、我が国では心の健康であるメンタルヘルスの問題が大きなものとなってきました。日本生産性本部による第8回メンタルヘルスの取組みに関する企業調査（全国の上場企業2273社が対象、有効回答数221社、回収率9.7％）によれば、最近3年間のメンタルヘルス不調者の増減傾向で最も多いのが「横ばい」の59.7％であり、増加傾向の24.4％を大きく上回

10　尾形裕也 (2017)「『健康経営』推進に向けての進言」『日本労働研究雑誌』No.582, p.1.

11　厚生労働省ＨＰ「平成27年度国民医療費の概況」(https://www.mhlw.go.jp/toukei/saikin/hw/k-iryohi/15/index.html)

る結果となり、2012 年の第 6 回調査以降「横ばい」が最も多い、という傾向が続いています [12]。この結果をポジティブに捉えれば近年熱心に取り組まれるようになってきた企業内のメンタルヘルス対策が功を奏して、増加傾向に歯止めがかかりつつあると解釈することができます。しかし一方で、減少傾向は全体の 10%程度にとどまっています。メンタルヘルス不調者が減っているわけではないということです。組織で働く従業員にとって、メンタルヘルスは依然として深刻な問題であり続けているといえるでしょう。このような状況を踏まえて、健康経営にもメンタルヘルス不調に対する予防的効果が期待されています。

(3) 促進効果①：従業員の業績向上

　健康経営の促進的側面の中心は、健康増進に伴う従業員の活力アップ、それに伴う生産性の向上です。従業員の健康状態が損なわれていると、いくら従業員が「精一杯」頑張っていても、その人本来のパフォーマンスを発揮できていない、ということがあります。健康経営の領域では、このような状態のことをプレゼンティーイズムと呼んでいますが、このようなプレゼンティーイズムを解消することは従業員の業績向上、ひいては組織全体の業績を高めることにつながると考えられます。

　近年の健康経営では、このようなプレゼンティーイズムの解消や従業員のモチベーション向上を通じた業績向上こそが健康経営がもたらす最大のメリットであるとみなされるようになってきています。

(4) 促進効果②：ブランド価値の向上

　ブランド価値の向上は主として人材確保と資金調達における優位性の獲得に結びつくことが期待されています。現在企業が直面している大きな問題点の 1 つは、人材の確保です。18 歳人口が減少していく中で、企業は持続的な労働力の確保のために様々な努力を重ねています。例年、新入社員の確保

12　日本生産性本部 H P (https://activity.jpc-net.jp/detail/mhr/activity001523.html)

のために大変な時間と労力を割いている人事担当者も多いのではないかと思います。健康経営を実践することは、労働市場における優位性を高め、従業員を確保することにも有益であると考えられています。先にふれたメンタルヘルスの問題が注目される中で育ってきた現在の若者は、就業環境に対する関心が非常に高いといわれています。健康経営を実践し、健康経営銘柄や健康経営優良法人といった認証を受けることは、その成果を外部に発信する強力なツールとなるでしょう。2017 年度（平成 29 年度）の健康経営調査によれば、回答企業のおよそ 3 分の 1 が労働市場における価値向上に対する効果検証を実施しており、およそ 5 分の 1 程度の企業が効果が出ていると回答しています[13]。

　もう 1 つが、健康経営を通じた資金調達における優位性の獲得です。日本政策投資銀行は、企業の健康経営に対する取組みを評点化し、融資条件に反映させる「ＤＢＪ健康経営格付」の融資を実施しています。健康経営が企業の非財務指標の取組みとして評価され、資金調達の面で優遇されることは企業活動を有利に展開することにもつながるでしょう。

1.3　健康経営をはじめる

　健康経営に様々なメリットがあるとして、具体的にどのような取組みを行えばよいのでしょうか。この問いに対する唯一無二の正解などありません。また国や研究者が答えを提示するようなものでもないと思っています。それぞれの企業が自社にとっての健康経営とは何で、どういう取組みをするべきなのか、についてそれぞれの企業なりの答えを見出していくべき問いなのだと思います。

　とはいえ、どの企業も目指すべきゆるやかな方向性やプロセスについては、共有することができるはずです。そこで、ここでは、経済産業省商務情報政

13　経済産業省ＨＰ「2018 健康経営銘柄選定企業紹介レポート」(http://www.meti.go.jp/policy/mono_info_service/healthcare/kenko_meigara.html)

策局ヘルスケア産業課による「企業の『健康経営』ガイドブック〜連携・協働による健康づくりのススメ〜（改訂第 1 版）」[14] に従いながら基本的な考え方について紹介していきます。なお、こちらのガイドブックは、読者の皆さんもＨＰ上で閲覧することができます。より詳しく知りたい人は、直接アクセスしてお読みになることをお勧めします。

　健康経営を戦略的に実践するにあたって、組織はまず自社の健康課題を把握することが重要だとされています。そして、その課題を解決するために、一連の施策が提供されることが重要だと考えられます。後でも述べるとおり、健康経営に対する注目が高まるにつれて、健康経営の導入がありきの企業が増加し、必ずしも自社の健康課題を正しく把握できていなかったり、導入施策ありきの健康経営となってしまったりして、健康課題と施策が連動していない取組みが増えているように思われます。このような取組みでは、せっかくの健康経営（や、担当者の頑張り）が成果に結びつかないだけでなく、従業員にとっては「ありがた迷惑」な施策となってしまう可能性もあります。健康経営を単発のイベントやブームに終わらせるのではなく、自社で働く従業員にとって有意義なものとするためにも、健康課題の把握と課題に適した施策の連動を確立し、長期的に腰を据えた取組みへと発展させていく必要があります。

　また健康経営の取組みを成果に結びつけるためには、健康経営の取組みが組織全体に浸透する必要があります。ガイドブックでは「“経営基盤から現場の施策まで” の様々なレベルで連動・連携していることが重要（p.5）」[15] であると指摘されています。そしてそのために具体的なプロセスとして 5 つのプロセスを想定しています（図表 1 − 3）。具体的には①経営理念・方針、②組織体制、③制度・施策実行、④評価・改善、の 4 つと、これらを行う前

14　経済産業省ＨＰ「健康経営の推進」
　　(http://www.meti.go.jp/policy/mono_info_service/healthcare/kenko_keiei.html)

15　経済産業省ＨＰ「健康経営の推進」
　　(http://www.meti.go.jp/policy/mono_info_service/healthcare/kenko_keiei.html)

提として⑤法令遵守・リスクマネジメントの実践が挙げられています。なお先に挙げた健康経営調査に関しても、この5つのプロセスについての実施度合を調査していることになります。次節では、ガイドブックに従って法令遵守・リスクマネジメントを除く4つについて簡単に紹介していきます。

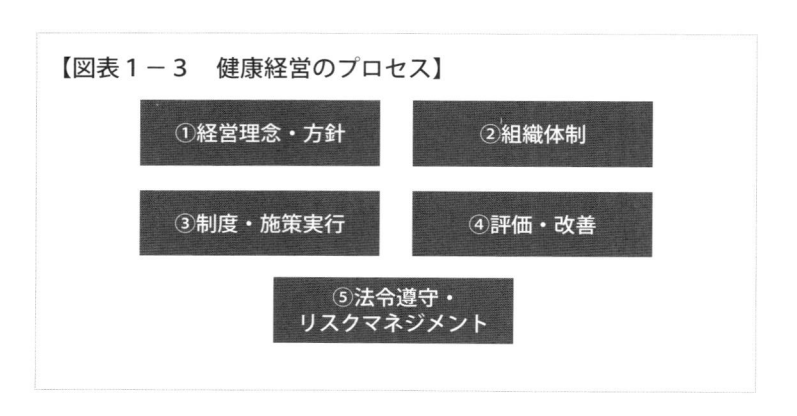

1.4　健康経営は一連のプロセス

　すでに述べたように健康経営に取り組む際の具体的施策は企業によって異なります。しかし、健康経営の考え方を実現し成果を出すために必要な一般的なプロセスは共通すると考えられており、5つの段階が示されています[16]。

　1つ目の段階は「経営理念・方針への位置づけ」がなされているかどうかです。いわば前準備の段階といえるでしょう。健康経営を進める上では、トップが健康経営の意義や重要性をしっかり認識していることが重要です。さらに、トップがその理念を社内外にしっかり示すことが重要であると考えられています。その意味で、健康経営は基本的にはトップダウンで取り組むべき

16　経済産業省ＨＰ「健康経営の推進」
　　(http://www.meti.go.jp/policy/mono_info_service/healthcare/kenko_keiei.html)

企業主体の取組みであるといえます。

　2つ目の段階では、経営理念を実現するための組織体制づくりを行います。健康を担当する部門や部署が名目上設置されても、担当者が何をしたらよいのかわからない、と途方に暮れている場合もあるかもしれません。また、他部門や現場の管理職から協力を得られず、戦意喪失している人もいるかもしれません。このような状態ではせっかく理念が掲げられていても絵に描いた餅になってしまいます。

　そこでガイドブックでは、「実行力のある組織体制を構築する (p.6)」[17] ために、専門資格を持つ職員を配置することや、担当職員に対して研修を実施することなどが重要であると指摘しています。

　またいくら担当部門が頑張っても、孤軍奮闘では成果はでません。施策を全社的に浸透させ、成果に結びつけるためにも、各部門が協力できる体制づくりを行うことが重要であると指摘されています。具体的には経営トップおよび経営層全体で健康経営の取組みの必要性を共有し、その取組みの企画立案から役員会での討議事項として体制を整備することが重要であると指摘しています。

　3つ目の段階ではじめて制度・施策の実行を行います。実行に際しては、経営と産業保健スタッフ、健康保険組合や労働組合、従業員自身…と様々な主体が連携することが強調されています。特に強調されているのが、経営陣が積極的なリーダーシップを発揮することです。ここまでの2つの段階で準備してきたトップによって発信された理念と組織体制を通じて効果的に施策を実行することが求められています。制度だけ策定されてもトップがコミットしていなければ利用者は増えないでしょう。したがって、第1段階と関連して、経営者のリーダーシップのもと、上述のステークホルダーが連携して施策の実行を行うことが重要になってきます。また2つ目の段階と関連して、健康経営度調査では実行に際して産業保健スタッフが関与することが求め

17　経済産業省ＨＰ「健康経営の推進」
　　(http://www.meti.go.jp/policy/mono_info_service/healthcare/kenko_keiei.html)

られています[18]。専門職が施策の実行に関与することで専門知識に基づいた質の高い施策が提供されることが期待されるからです。日頃は産業保健のスタッフと福利厚生や人材育成、研修などを担当する人事スタッフとの連携が豊かではない企業も多いと思われます。このような連携不足はそれぞれの専門家がよって立つ専門知識や研究領域が断絶していることを背景としている可能性もあります。ですから、両者間でコミュニケーションを取りづらくなるというようなことは、ある程度は無理からぬ部分もあると思われます。しかし、今後健康経営をより推進し、さらに本書で注目するウェルビーイング経営を実践していく際には、両者の連携は不可欠であり連携を可能とする体制づくりをしていくことが期待されます。

　なお先にも指摘したとおり、施策の実行に先立っては、自社の従業員の健康状態と健康課題を把握することが求められています。この際には、企業がすでに保有しているデータや健保組合との連携により、両者が保有しているデータを活用することも健康課題を把握する上で有効だと考えられています。

　また投資対効果の高い施策を実行するためには、必要な施策を選択し、実行していく必要があります。そのためには自社の健康課題を把握したうえで自社固有の問題点に合わせた施策を展開していくことが重要です。具体的な施策については本書の第Ⅱ部でも紹介するように、健康経営銘柄に選定されている企業でも、取組みの中に共通のものと各組織固有のものがあります。後者は自社の健康課題に合わせて各企業が取り組むものとなります。この部分について的確にＰＤＣＡを回すことができているのかが重要となるでしょう。

　４つ目の段階は取組みの評価です。施策をやりっぱなしでは投資対効果を得られているのかどうかすらわかりません。現状の取組みを評価し、改善につなげるための仕組みが重要です。ただし健康経営の進捗について評価する

18　経済産業省ＨＰ「2018 健康経営銘柄選定企業紹介レポート」(http://www.meti.go.jp/policy/mono_info_service/healthcare/kenko_meigara.html)

ことはそれほど簡単ではありません。そもそも健康経営を導入したからといって、その年から急に医療費が削減されたり、従業員の疾病率が低下したりするということはあり得ません。継続的な取組みが必要です。先行研究でも導入後数年程度の時間軸を想定することが重要だと考えられます。したがって取組みの評価についてはいくつかの観点と時間幅をもって評価していくことも必要です。評価を放棄することはいけませんが、同じくらいに短期的な成果だけを追い求めることも問題です。

　本節では、健康経営の導入は単に施策を実行することではなく、一連のプロセスであることを紹介しました。現在健康経営に取り組まれている推進者が直面している問題は大きく 2 つに分けることができると思われます。 1 つは、 4 つのプロセスの前半部分でお困りの方です。「トップの理解が得られない」とか「組織として動けていない」といった悩みを抱えている方です。もう 1 つは後半部分でお困りの方です。ひとまず組織として始めてきたけれど、これでよいのかわからない、とか、より質を高めていきたい、と考えている方です。人事の研究会などで話をお聞きすると、健康経営のプロセスの前半でお困りの方がまだまだ多いように思います。しかし一方で、徐々に後半のプロセスで困っているという声も増えてきたように思います。ここにも健康経営が多くの企業に浸透してきたことがうかがえます。

　そこで本書では、後半のプロセス、とりわけ健康経営の評価について、（これも唯一無二の正解はないものですが、そのガイドラインとしての健康経営評価フレームについてガイドブックにしたがって）紹介していきます。

1.5　健康経営評価：構造・過程・成果

　健康経営は単にある年度に健康増進施策を実施する、というだけでなく、ＰＤＣＡを回しながら長期間にわたって継続していく取組みです。そのため、健康経営を始めるための一連のプロセスについて的確に評価（チェック）していくことが求められます。

　健康経営評価では、この評価を構造・過程・成果の３つの観点から評価していくことが推奨されています。図表１−４をご覧ください。構造・過程・成果のそれぞれについて具体的な指標例がまとめられています[19]。

　１つ目の「構造」の観点では、健康経営を実践するための経営層のコミットメントや人材・組織体制の有無や構成を評価します。具体的には経営理念として健康経営が位置付けられているのか、産業医やその他の医療スタッフとの連携体制が構築されているか、健保組合等保険者との連携がなされているか、といったことを評価します。先の健康経営を始めるためのプロセスの最初の２つのプロセスに該当するものが多いと思われます。

　２つ目の「過程」の観点からは、健康経営を実践するにあたっての様々な施策が機能しているかどうかを評価します。その具体的な指標としては健診の受診率や保健指導実施率などが挙げられています。次に紹介する「成果」は従業員の健康と組織業績の両立に関する最終的な成果をとらえる視点であり、中長期的に実現するものであるのに対して、ここで捉えられる「過程」は単年度の施策の実施状況やそれに伴う変化などをとらえるものであると区別することができます。短期的にはまずプロセスの評価をきっちり高めていき、その評価が最終的な成果の指標に結びつくように取組み全体を方向付けていくことが求められるといえるでしょう。私はこのあたりに健康経営が短期的には実現できないことへの評価者側の配慮、あるいはメッセージが込められているように感じています。

　３つ目の「成果」では、健康経営の質を評価します。適切な構造において提供される一連のプロセスが従業員の健康状態や企業利益に結びついていることを評価する指標が含まれています。具体的には、身体的指標、喫煙・飲酒・運動・睡眠休養などの生活習慣指標です。またガイドラインでは、生産性関連の指標としてアブセンティーイズムとプレゼンティーイズムが含まれています。

19　経済産業省ＨＰ「健康経営の推進」
　　(http://www.meti.go.jp/policy/mono_info_service/healthcare/kenko_keiei.html)

【図表 1 − 4　健康経営評価観点別指標例】

区分	指標例
構造	経営理念としての健康経営の位置づけ
	産業医、コメディカル等との連携体制
	健保組合等保険者との連携の有無
過程	健診受診率
	保健指導実施率
成果	生産性（プレゼンティーイズム、アブセンティーイズム）
	身体的指標
	生活習慣指標（喫煙・飲酒・運動・睡眠休養等）
	心理的指標
	就業関連指標

出所：経済産業省商務情報政策局ヘルスケア産業課による「企業の『健康経営』ガイドブック　〜連携・協働による健康づくりのススメ〜（改訂第 1 版）」p.12 の図表 2 をもとに大幅に修正の上筆者作成。

　これらの評価の観点のうち、本書では特にプロセスの観点に注目していきます。その理由は、プロセスに関する評価にもいくつかの側面があるものの、既存の健康経営においては（決して無視してきたわけではないものの）実践的には軽視されてきた側面があると考えられるからです。

1.6　健康経営の「過程（プロセス）」の評価

　過程の評価項目の下位区分としては４点が挙げられています（図表１－５をご覧ください）[20]。１つ目が従業員の健康についての状況・課題を把握すること、２つ目が健康課題への対応・施策の実施をすること、３つ目が就業環境に関する制度・施策を実施すること、４つ目が施策の効果検証・改善を行っていくことです。

　健康経営のプロセスは自社の健康課題によって異なってくることが普通です。したがって、過程の評価は４項目の１番目として従業員の健康についての状況・課題の把握が挙げられています。ここで課題を把握したうえで施策を実施し、その施策の実施状況や中間的な成果について評価していくのが過程の観点からの健康経営評価の目的です。

　しかし、ガイドブックでは「健康経営の実践において当然企業側に求められる」ような共通の実施プロセスについて紹介がなされています。その理由は、このプロセスが組織によって全く別々であるということになれば、各社の健康経営導入をガイドしようとするガイドブックの役割を果たせないからでしょう。

　このようなガイドブックのアプローチに、私も賛同するところです。健康経営を導入しようとする企業にすれば、ある種の道標になるというメリットがあるからです。ただし一方で、ここで示された指標のみが健康経営のプロセス評価のすべてではないことも同時に理解しておく必要があるでしょう。特に、自社の健康課題との関連を意識せずに、漫然とチェック項目を埋めていくような施策を行っても、必ずしも効果的な成果に結びつきません。この点については、まじめに取り組もうとする企業ほど、注意が必要だと思われます。

20　経済産業省ＨＰ「健康経営の推進」
　　(http://www.meti.go.jp/policy/mono_info_service/healthcare/kenko_keiei.html)

【図表1－5　「過程」の小区分と指標例の詳細】

区分	評価指標		指標の具体例
従業員の健康についての状況・課題の把握	従業員の健康課題の把握		定期健診受診率
			保健指導対象率
			保健指導実施率
健康課題への対応・施策実施	ポピュレーションアプローチ		
	例1　健康教育実施		全従業員に占める参加率・満足度
	例2　禁煙プログラム提供		喫煙者に対する参加率・満足度
			継続率
	例3　食生活支援		社食における健康メニュー提供数
			食生活改善情報提供閲覧数
			支援内容への従業員満足度　等
	例4　運動奨励		職場における体操等参加者率・継続率・満足度
			提携スポーツクラブ・ジム等利用率・継続率
			スポーツイベント等参加率・継続率・満足度　等
	ハイリスクアプローチ		
	例1　保健指導		保健指導対象率
			保健指導実施率
			対象者/実施者満足度
	例2　管理不良者に対する対応		事後措置面談実施率
	例3　受診勧奨		「要再検査」・「要精密検査」対象者の再検査受診率
就業環境に関する制度・施策	就業環境に関する制度・施策		
	例1　長時間労働抑制施策		長時間労働者数
			従業員1人平均年間総実労働時間数
			従業員1人平均年間所定外労働時間数
			施策満足度
	例2　有給休暇取得奨励		年次有給休暇取得率
			従業員1人平均年次有給休暇取得日数
			施策満足度
	例3　復職支援		対象者満足度
			対象者復職率
施策の効果検証・改善	施策の効果検証・改善		
	例1　健康状態		健診結果からの改善状況把握の有無
			健診結果と施策の相関分析の有無
	例2　休職・欠勤状況		休職率・欠勤率の状況把握の有無
			休職率・欠勤率と施策の相関分析の有無
	例3　医療費		施策と医療費の費用対効果分析の有無
	例4　次年度施策への反映		施策効果検証結果を踏まえた改善案の提示
			検証結果を踏まえた次年度計画策定

出所：経済産業省商務情報政策局ヘルスケア産業課による「企業の『健康経営』ガイドブック～連携・協働による健康づくりのススメ～（改訂第1版）」p.23-24 の図表 18 をもとに筆者作成。

　2点目にあたる健康課題への対応・施策実施に関してガイドブックでは、ポピュレーションアプローチとハイリスクアプローチに分けて施策例や評価指標を紹介しています。ポピュレーションアプローチとは、現在はまだ、病気になるリスクがそれほど高くない従業員を対象とした取組みのことであり、ハイリスクアプローチとは、生活習慣病等の高リスク者に対して疾病予防・重症化予防を促す取組みです。

　近年の健康経営銘柄等に選定されている企業の取組みを調べてみると後者のハイリスクアプローチについては、かなりの企業が入念な取組みを行っていることがわかります。代表的な項目としては保健指導が挙げられ、保健指導対象率や保健指導実施率が具体的な指標となっています。

　これに対してポピュレーションアプローチについては、改善の余地があるように思われます。代表的な取組みとしては、健康やメンタルヘルスに関する研修の実施があげられ、その他禁煙プログラムの提供や食生活支援（社食における健康メニュー提供数などが挙げられる）、運動奨励といった生活習慣の支援的取組みが挙げられています。研修を除く多くのポピュレーションアプローチは、組織全体の多くの従業員を対象に実施されるべきものですが、実際には必ずしもそうなってはいない企業が多いようです。健康への意識の高い一部の従業員のみが利用しているというケースが多いという批判も耳にします。健康経営施策の効果を組織全体に波及させ、組織全体の生産性や業績に結びつけるためには、ポピュレーションアプローチにも取り組むこと、このアプローチを拡充し、組織全体に浸透させていくことが重要だと思われます。

　3点目は、就業環境に関する制度・施策を実施することです。例えば長時間労働抑制施策や有給取得率の向上のための取組み、復職支援などの取組みが挙げられています。近年では働き方改革の取組みとして並行的に実施されている企業も多いかもしれません。健康問題は働き方や労働時間の問題と切っても切り離せません。従業員が健康習慣をとれない原因がそもそもの働き方や労働時間の長さにある場合には、この点にまず手をつけずして状況が

改善することは見込めません。

　4点目は、施策の効果検証や改善を行うことです。すでに繰り返し述べてきたように健康経営は単発の取組みではなくＰＤＣＡサイクルを通じて取組みの質を高めていくことが求められています。そのため、効果検証の仕組みや、その検証方法が妥当かどうかを示す項目が紹介されています。具体的には、健康状態や休職・欠勤率、医療費に関する状況把握を行っているか、それらの変数と施策の関係を検討しているかなどが挙げられています。

　ガイドブックでも繰り返し強調されているように、ここで挙げられた項目や指標はあくまで例であり、それぞれの企業が自社の課題に合わせて柔軟に運用することが重要です。またプロセス評価の指標として挙げられた指標がやや健康状態の改善をとらえる指標に偏っており、生産性や組織の業績に結びつく項目や指標が十分に示されていないことにも気をつける必要がありそうです。

　またガイドブックでは、より生産性に関連するプロセス要因としてワーク・エンゲージメントなども紹介されています。ワーク・エンゲージメントは、メンタルヘルスの領域で業績とメンタルヘルスの両立を目指す概念として注目されつつあります。こういった指標も取り入れつつ、健康増進に対する施策への投資を病気の予防だけでなく、従業員と組織の活性化につなげ、組織業績の向上に結びつくプロセスを想定していくことも重要であると考えられます。健康経営の予防効果を超えて促進効果に転じていくためには、実はワーク・エンゲージメントに代表されるようなウェルビーイングの向上への視点が欠かせません。しかし、このようなアプローチは健康経営ではまだまだ十分に取り組まれていませんし、実際に取り組もうとしている企業の多くが試行錯誤を続けている状況です。

　本書の第3章以降で改めて述べるように、本書のメインテーマにこの部分にあります。健康経営の新展開としてウェルビーイング向上により大きな注目を注ぐ取組みをとりあげ、その考え方と取り組み方について紹介していく予定です。

1.7　まとめ

　本章では、健康経営とは何か、健康経営で得られるメリット、健康経営の取り組み方について主として経済産業省商務情報政策局ヘルスケア産業課による「企業の『健康経営』ガイドブック～連携・協働による健康づくりのススメ～（改訂第 1 版)」に従いながら基本的な考え方について紹介しました。

　健康経営は近年急速に実務の世界で注目されるようになった考え方です。一方で経営学の知見とは必ずしも結びつけて考えてこられませんでした。次章では、健康経営を経営学の観点から眺めることで理解していきたいと思います。

第2章　経営学における従業員の健康問題

　第Ⅰ部では、近年急速に実務の世界で注目されるようになった健康経営とはどのような取組みなのかについて経営学の観点から理解することを目指します。第2章では、経営学が従業員の健康に関心を払ってきたのか、そしてどのように注目を失っていったのかについて紹介していきます。

2.1　ヘルシーカンパニーを超えて

　健康経営の理論的背景としてしばしば言及されるのが、Ｒ．ローゼン教授によって提唱されたヘルシーカンパニー[21]という考え方です。これは1986年に出版されたものですが、驚くべきことに1994年に宗像恒次先生の監訳で日本語訳が出版されています。今から20年以上前に時代の変化と働き方の変化の背後に従業員の健康やメンタルヘルスへの対策が重要な問題になることを見出した著者および訳者の先生方の慧眼には、感服する限りです。

　ヘルシーカンパニーではいくつかの点で極めてユニークな主張をしています。1つ目は、健康経営の領域でよく引用される点です。経営管理と健康管理という本来密接に関係している2つの機能が組織の中で分断されて取り組まれていること。そのことによって、それぞれの部門の活動が部分最適に陥っているという問題を指摘しています。著者は、これらの批判を通じて、組織業績と健康の両方を総合的にとらえることの重要性を主張しています。

　ヘルシーカンパニーの特徴の2つ目は、健康の中でもとりわけメンタルヘルスに強い関心を示している点です。企業における身体的な健康や事故の防

21　Rosen, R. H. (1986) *Healthy companies: a human resources approach*. New York: AMA.（宗像恒次監訳『ヘルシーカンパニー：人的資源の活用とストレス管理』産能大学出版部,1994年）

止や安全の確保に加えて、メンタルヘルス不調を引き起こす要因やその対策に企業が取り組むことの重要性が指摘されています。

　3つ目の特徴は、従業員の健康に影響を与える要因として従業員自身のライフスタイルの影響と労働環境の影響の両方に注目している点です。従業員の健康問題は従業員の生活習慣や自己管理能力の問題か、労働環境の問題か、のどちらか一方に帰属されることが多かったと思われます。しかしローゼン教授は、健康を損なう要因がどちらからも影響を受けることに改めて注目しています。ローゼン教授はその上で、参画意識や自己統制感を高めることの重要性を指摘し、それらを低下させるような労働環境の影響に注目しています。

　ローゼン教授のこれらの主張の中には、現在の健康経営にも強く受け継がれている側面もあります。一方でやや無視されている側面もあります。詳しくは第3章で述べますが、本書で提唱するウェルビーイング経営は、近年やや取りこぼされてきたローゼン教授の主張に改めて注目するものといえるかもしれません。

　ところで、このようなローゼン教授の主張は突然飛び出したものではありません。ある意味では、それまでの経営管理論の流れを踏まえた上で展開されていると考えられます。しかしながら健康の領域では、ローゼン教授の主張の背後にあるはずの経営学の知見にまでさかのぼって理解されることは少ないように思われます。

　そこで本章では、ヘルシーカンパニーの主張やその意義をより深く理解するために、従業員の健康の問題が経営学の中でどのように扱われてきたのか、そしてどのように扱われなくなっていたのかについて、いくつかの代表的研究を足掛かりに検討を行っていきます。

2.2　フィラデルフィア調査

　従業員の健康と経営管理は、一見すると縁遠いトピックのように感じられ

る人も多いかもしれません。しかしながら、経営学はそのかなり初期から従業員の健康問題を扱ってきたという見方をすることができます。

　ここではフィラデルフィア調査を取り上げてみましょう[22]。この調査は1923 年フィラデルフィアにあるミュール紡績工場で行われました。この工場の雇用主はよく教育されたうえに人道的な人物で、仕事も組織化されていました。実際、調査対象となった紡績部門以外の部門では従業員の離職率はおよそ 5 ％程度でした。ところが紡績部門だけは年間 250 ％という高い離職率でした。そのため、教育や採用に関連して多大なコストがかかっていました。

　紡績部門で働く従業員はどのような環境で働いていたのでしょうか。日曜日に加えて土曜日も休みの週 5 日勤務であり、それ自体決して悪い条件とはいえません。また 1 日あたりの労働時間は、お昼の 45 分のランチ休憩をはさんで午前に 5 時間、午後に 5 時間の 10 時間でした。仕事は、通路沿いに設置された紡績機 10 ～ 14 台で行われており、それぞれ担当の機械工と糸ぐり工によって厳しく監視する必要がありました。通路で働く糸ぐり工の人数は紡がれる紡績糸の種類によって変わるものの、この作業は総じて非常に単調だったといわれています。

　従業員は、機械が故障した際に手すきの時間ができることはあるものの、公式な休憩は与えられていませんでした。また既定の生産高を超える生産量を実現した場合には、ボーナスを受け取ることのできる取り決め（インセンティブシステム）がありましたが、残念ながら既定の水準を超えたことはこれまで一度もありませんでした。従業員の立場からすれば、せっかくのインセンティブシステムも、この部門に関しては全く機能していませんでした。

　従業員の健康状態に目を向けてみましょう。この部門で業務を担当している糸ぐり工は、効果的な治療法のない足のトラブルを抱えているものが多くいました。また多くの従業員は、足、肩、腕などいろいろな場所に神経炎を

22　以下の記述は、Mayo, E. (1933) *"The human problems of an industrial civilization."* Macmillan.（村本栄一訳『産業文明における人間問題』日本能率協会 ,1956 年）による。

訴えていましたし、仕事の単調さに基づく悲観的な考えを持つようになっていたようです。立ち仕事を続けることにより身体的な疲労を感じていると同時に、仕事の単調さによって精神的にも悲観的な感情を持つ状態になっていたようです。

　フィラデルフィア調査は、心身の健康を損なった従業員をいかに回復させ、離職を食い止め、生産性を高めるのかという極めて現実的な問題に注目したアクション・リサーチといえそうです。この調査では2段階で従業員に対する介入が行われています。第1の介入では、この部門の従業員の3分の1にあたる従業員に対して就業時間中の午前と午後に2回ずつ、10分間の休憩を与える、という変更を実施しました。この際には筋肉を休めるための指導も同時に行われ、この10分の間は従業員が横になることが認められました。この変更は従業員に好意的に取り入れられ、教えられたとおりの方法で休憩がとられるようになりました。その結果、労働意欲が増加するという結果をもたらしました。

　そこで第2段階では、紡績部門のすべての従業員に休憩制度が導入されることになりました。この際、研究者チームは生産量のデータも入手できるようになりました。生産量は、糸の太さによって変わってしまうため、それぞれの番手の糸の単位重量あたりの生産標準時間を設定し、この標準時間に対してどの程度の割合であったのかについても細かく記録されました。なお1カ月にこの75％の成果を上げた場合には平均賃率の支払いを受け、それ以上の場合にはボーナスが支給されることになりました。2回目の介入の結果、生産性の向上がデータを伴う形で示され、同時に労働者の精神的・肉体的な状況も改善されたといわれています。この際、これまで機能していなかった金銭的インセンティブも機能するようになりました。調査の後期に多忙を理由に休憩時間が削減された場合には一旦能率が落ちることがありましたが、休憩時間を復活させると再び能率が高まったとされています。

　また、生産性に加えて離職率も大幅に改善されたことが報告されています。介入によって状況が改善した後にこの部門をやめたのは数名にとどまりまし

た。ただし、それは家族の引っ越しに伴うものや一時解雇によるものでした。介入以前にこの部門を悩ましていたような理由による退職というものは生じなかったことが報告されています。

2.3　メイヨーとホーソン工場実験

　このような介入的調査について報告しているのは、ハーバード大学のメイヨー教授です。メイヨー教授は、オーストラリア生まれの心理学者で、経営学の世界では、フィラデルフィア調査の後に取り組んだウェスタンエレクトリック社のホーソン工場における調査（いわゆるホーソン工場実験）で有名です。

　ホーソン工場実験では、物理的環境よりも職場の人間関係の方が生産性に大きな影響を与えることが指摘され、同実験は、「社会人モデル」という人間モデルが注目されるきっかけともいえる重要な古典的研究です。皆さんの中にはメイヨー教授の著書である『産業文明における人間問題』をお読みになったことがある人もいるかもしれません。しかし、そのメイヨー教授がその同じ著書で、休憩のない長時間労働とそれに伴う身体的な疲労や精神的な不調を解消する調査結果について報告していることをご記憶の方はそれほど多くないのではないでしょうか。

　実は、メイヨー教授が参画した直後のホーソン工場実験の継電器組み立て実験では、休憩時間の導入などフィラデルフィア調査とよく似た介入が行われています。これらの介入はフィラデルフィア調査と同様に従業員の業績を高めたものの、その後休憩時間などの諸条件をもとに戻した後もチームの業績は高まり続けたことから、休憩時間などの条件よりもチームの人間関係や監督者との関係性の効果が強調されました（ただしよく知られているように、ホーソン工場実験の調査方法には、調査対象者が途中で変更になっているなど、いくつかの点で問題があったことが強調されることもあります）。

　さて、メイヨー教授の一連の著作から我々が学ぶべきポイントは何なので

しょうか。まず、経営学の源流において従業員の疲労や精神的な不調は決してマネジメントの領域外のトピックではなかったということです。むしろ従業員の健康問題は経営学の極めて初期で取り上げられた重要なイシューであったといえそうです。

次に、メイヨー教授が休憩を取り入れる効果や、自分のコンディションを整えるためのケアの方法を従業員に教育することの効果について言及していることです。適切な休息や健康を保つための知識を高めることで生産性の維持・向上を目指すことは経営学にとって最も古典的で重要な問題の1つであったといえそうです。

最後に、忘れてはならない重要なポイントがあります。一連の研究の結果、職場の健康問題は、それだけに注目して扱うことは得策ではないと考えられるようになったということです。職場の健康問題はたくさんの要因が複雑にからみあって生じています。健康問題を単に休憩の増加や負担の軽減だけで解決しようとするのではなく、人間関係の構築やキャリア発達の支援など重層的な視点でとらえることが重要だといえるでしょう。

2.4 人間モデルの転換：「Y理論」への注目

しかしその後の経営学では、このような従業員の心身の不調や健康といった問題への関心を徐々に失っていくことになります。これは、ちょうどこのころ経営学で従業員に対するマネジメントの見方に大きな転換がおこっていたこととも無関係ではなさそうです。

それまでの経営管理論では、従業員はいやいや仕事をしているのであり、しっかり監視していないとすぐに「さぼる」存在であると考えられていました。そのためアメとムチによるメリハリのある管理が重要であると考えられていました。しかしこのころから徐々に、従業員は条件次第では自らを主体的に律しながら進んで組織業績に貢献しようとする存在であるとみなす考え方に注目が集まってきたのです。

　このような考え方を端的に示したのがマサチューセッツ工科大学のマクレガー教授です。彼はX理論とY理論という極めてシンプルな考え方を提唱しました。人間とは仕事を嫌い、嫌がるものであるという伝統的な考え方をX理論、逆に、人は自分が進んで身をゆだねた目標のために自ら自分にムチ打って働く、とか、条件次第では責任を引き受けるばかりか、自ら進んで責任を取ろうとする存在である、といった人間の見方を強調するY理論を提唱しました[23]。マクレガー教授は、このような2つの見方を示しながら、管理者が従業員に向けるまなざしはこのような対照的な2つの前提に根付いていること、そしてそのような前提に基づいてマネジメントされた部下は自己成就的にそのような従業員になっていくということを主張しました。すなわち上司がX理論に基づいて従業員を扱えば従業員はX理論に当てはまる行動をとるようになるし、上司がY理論に基づいて従業員を管理すれば、従業員はより自己統制的にふるまうようになる、ということです。

　当時の管理者にとっては、どちらかといえばY理論の方が斬新だったであろうことは想像に難くありません。そしてY理論に基づいたマネジメントのありようや従業員から積極的な意欲を引き出すような職場のありようについての探求に注目が集まるようになっていきました。

2.5　動機づけ―衛生理論

　マクレガー教授が主張したY理論と同様に、当時の経営学の動向を明確に示している研究があります。また本章のテーマでもある従業員の健康と経営管理論の関係をより明確に示す古典研究としても注目すべきなのが、ピッツバーグ大学のハーズバーグ教授らの動機づけ―衛生理論でしょう。

　ハーズバーグ教授らの研究チームは、職場で良い感情を抱いている従業員ほどよく働いてくれるはずであるという考えのもと、従業員の声に耳を傾け

23　McGregor, D. (1960)"*The human Side of Enterprise*", McGraw-Hill.（高橋達男訳『新版 企業の人間的側面』産業能率短期大学出版部 , 1970 年）

る緻密な調査を行っています。具体的には、従業員が職場で良い感情を抱く時はどのような時で、悪い感情を抱く時とはどのような時なのかを明らかにするために、ピッツバーグ近郊で働く 200 名以上の従業員に対するインタビュー調査を行いました。

インタビューに際しては、「これまでで最も良い感情を抱いた時」や「これまでで最も悪い感情を抱いた時」といった極端な事例について思い出してもらったうえで具体的に話してもらう、いわゆるクリティカルインシデント（臨界事象）法というユニークな方法が用いられています。

その結果、良い感情を生み出す要因として仕事の達成や職場の他者からの承認、取り組んでいる仕事そのものの性質といった要因があげられました。ハーズバーグ教授らは、これらの要因をまとめて「動機づけ要因」と名付けました。

一方悪い感情を生み出す要因として人間関係や職場環境、職場の方針といった要因があげられ、これらを「衛生要因」を名付けました [24]。

ハーズバーグ教授らは、動機づけ要因は良い感情を抱いたエピソードとしてしばしば言及されるのに対して、悪い感情を抱いた要因としてはあまり言及されないこと、逆に衛生要因は悪い感情を抱いた要因としてしばしば言及されるのに対して、良い感情を抱いた要因としてはあまり言及されないことに注目しました。

そして、このことから、衛生要因を解消しても不満足が低減するだけで動機づけは高まらないこと、動機づけを高めるためには動機づけ要因に注目することが重要であることを指摘しました。例えば職場のコピー機が老朽化しており、梅雨の時期にはしばしば紙の巻き込みを起こしてしまう、というような不満が従業員から多くあったとしましょう。このような職場環境に関するものは（最も悪い時かどうかは置いておいて）、悪い感情を感じた時のエピソードとして言及されます。しかし、経営者である皆さんがコピー機を新

24　Herzberg, F., Snyderman, B. B., & Mausner, B. (1959) *The motivation to Work*: 2d Ed. London: Chapman & Hall.

しく新調したとしても、良い感情を抱いたエピソードとして言及されることはあまりない、ということです。コピー機が詰まることによるイライラは解消されそうですが、コピー機が最新だから仕事をすごく頑張ろう、とはなりづらいということかもしれません。

　このようなハーズバーグ教授らの主張は、同時にホーソン工場実験で注目を集めた職場の人間関係への関心をそぐものでもありました。人間関係は、衛生要因としてみなされており、人間関係が悪い場合に不満足要因として言及されるものの、人間関係がよいからといって従業員の満足度を高め、動機づけにつながる要因ではないとみなされたのです。

　ハーズバーグ教授らの主張が浸透するにつれて、経営学のモチベーション研究は大きく転換していきます。それは、モチベーションを高める特徴を持つとされた「動機づけ要因」、とりわけやる気を高める仕事の特徴を明らかにしようとする研究が重視されるようになりました。一方で、衛生要因と名づけられた職場の対人関係や労働条件・作業環境を通じて従業員のやる気の低下を防いだり、いやな気持ちを経験することを防いだりすることに対する関心が低下するようになったのです。

　このように Y 理論や動機づけ―衛生理論といった代表的研究の結果として、1970 年以降の経営学では、従業員のやる気を引き出す職務設計に関する研究に強い関心が注がれるようになっていきます。同時にこのプロセスで、従業員の心身の健康はいわば職務遂行上の前提条件としてみなされるようになり、背景へと押しやられていくようになったと考えられます。言い換えれば従業員の健康状態が一定だとすると、という仮定の下で、仕事の与え方と従業員のやる気の関係が検討されるようになっていきました。

　1970 年代から 80 年代にかけて従業員のパフォーマンスを高めるためのワーク・モチベーションへの関心は高まり、モチベーション研究は黄金時代を迎えます。しかし、モチベーションへの関心が高まる一方で、その前提とされてしまった従業員の健康状態を維持したり、向上したりすることについての関心は低下していってしまったと考えられます。

2.6　見過ごされた健康へのまなざし：デイリーモチベーション調査の分析結果をもとに

　動機づけ―衛生理論を通じて経営学の学説上言及されることが少なくなった「健康」でしたが、筆者自身もかつての調査では、モチベーションとの関係で健康が影響を及ぼすという貴重なデータにふれていながら見過ごしてしまっていました。

　当時私は、日本企業で働く従業員のモチベーションの源が従来と変わりつつあるのではないか、もし変わりつつあるのであれば、その変化を従業員の声に改めて耳を傾けることで明らかにしようというモチベーション研究のプロジェクトに参加していました。このプロジェクトでは、２つの調査を行っています[25]。

　１つはハーズバーグ教授らの調査方法に依拠したクリティカルインシデント（臨界事象）法に基づくインタビュー調査です。１人に対して１時間から１時間半ほどお時間をいただき、これまでの仕事生活の中でご自身がもっともやる気を感じた出来事、やる気を失った出来事について詳細にお伺いするものです。

　もう１つが、ハーズバーグ教授らとは全く反対の日常の些細なモチベーションの変化を捉えるための日記調査です。この調査では、毎日の終業時間間際に、その一日のやる気や業績が日ごろと比べて高かったのか、低かったのか、その理由はなぜなのか、について記述してもらう方法です。回答にご協力いただいた方には毎日お時間をいただき、大変ご負担をお掛けしたことと思いますが、３週間（15営業日）にわたって回答してもらいました。

　このうち後者の日記調査では、モチベーションに対する健康の影響を示唆

25　これらの一連の調査結果は、森永雄太・佐藤栄哲・金井壽宏 (2008)「仕事意欲の２要因理論に関する発見的追試―臨界事象法への注目―」『国民経済雑誌』199(3), 1-20. および森永雄太 (2010)「モティベーションの変動に関する探索的研究―自己調整研究との関連から―」『人材育成研究』5(1), 3-16. としてまとめられています。詳細をお知りになりたい方はそちらをご覧ください。

する言及が得られていました。すでに述べたように、得られたといっても当時から新しい発見として注目していたわけでは必ずしもありません。ただ、既存の枠組みではとらえきれない要因がいくつかあるな、と研究チームでの議論や論文執筆時にすっきりしない「ひっかかり」を残していただけです。

　その時の調査結果について詳しく見ていきましょう。この調査においては、モチベーションの変動要因として調査協力者の皆さんから収集できた要因は合計303でした。図表2－1をご覧ください。これらのほとんどが、既存の先行研究で指摘されてきた要因、すなわち仕事の内容に関する要因（7.9％）、仕事の遂行に関する要因（41.4％）、上司や同僚、顧客との関係といった人間関係（26.8％）、会社の方針などに関する要因（6.3％）に分類されたことがわかります。

【図表2－1　森永（2010）によるモチベーションの変動要因の一覧】

項目名	言及数	項目名	言及数
1-1-1：新鮮	4	2-3-2：部下の仕事上での関係	12
1-1-2：やりがい	17	2-3-3：部下との人間関係	2
1-1-3：興味	2	2-4-1：顧客の承認	2
1-1-4：変化	1	2-4-2：顧客の仕事上での関係	5
1-2-1：進捗	22	2-4-3：顧客との人間関係	11
1-2-2：見通し・具体化	24	3-1：方針管理	5
1-2-3：達成そのもの	29	3-2：文化風土	8
1-2-4：責任	45	3-3：労働条件	3
1-2-5：成長	5	4-1：経済的	0
2-1-1：上司の承認	8	4-2：社会的（承認）	3
2-1-2：上司の仕事上での関係	3	5：プライベート	8
2-1-3：上司との人間関係	4	6：体調・天候	33
2-2-1：同僚の承認	1	7：気分転換	6
2-2-2：同僚の仕事上での関係	2	8：他者刺激	21
2-2-3：同僚との人間関係	9	9：その他	7
2-3-1：部下の承認	1	総　　計	**303**

　この他に既存の枠組みで分類することが難しいと考えられた言及（表中の5、6、7、9に含まれるもの）が54個ありました。そのうちプライベートでよいことがあったからというようなＷＬＢ（ワーク・ライフ・バランス）

の重要性を示唆する言及が8件ありました。ちなみに興味深いことにこれらはすべて上昇要因として言及されています。次に、気分転換がうまくできたなど、職場における感情やストレスへの対処方法の重要性を示唆するような言及が6つありました。

　最後に天候や体調など職場でコントロールするのが難しいと（当時は）考えられた要因（表中の6）について33個の言及がありました。天候と体調を同じカテゴリーにしていることからも、当時十分にこのカテゴリーに注目していなかったことを感じ取っていただけるかと思います。しかし、改めて見直してみるとこのカテゴリーへの言及数は33で全体のおよそ10%にあたります。このようなコントロールしづらい要因の影響が結構多いものなんだな、と改めて気づくことができます。

　この要因についてやや詳しく見ていくと、それらのうちの多く（25件）は動機づけの低下要因として言及されているようです。この調査は調査を実施した時期が12月だったということも関係しているのかもしれません。天候の悪化やそれに伴う健康状態の悪化が従業員のモチベーションをしばしば低下させていたことを示唆しています。当時私は、従業員の日常のモチベーションのアップダウンには体調や天候など組織による管理が難しい要因も多く影響しているということを認めながらも、依然として直接的に管理可能な要因に目を向けることが重要であると考えていました。

　私がこの調査を実施し、分析を行っていたのは今からおよそ10年以上前ですが、私が初めて参画した研究プロジェクトだったこともあってこれらのデータの分析をしていた頃のことをよく覚えています。風邪をひいてしまって体調がすぐれない場合にはやる気以前の問題として仕事がはかどらないというような言及や、週の前半で頑張りすぎてしまったために疲労が蓄積してしまい、週の後半は息切れ気味だ、というような（今思えば）興味深い言及がありました。今思えば、このような非常に興味深い言及を得ながらも、当時の私はあくまで既存のモチベーション研究の枠組みでデータを理解することに固執していたようです。そのため、健康の重要性について、見過ごして

しまったのです。

2.7　まとめ

　第 2 章では、経営学が従業員の健康に関心を払ってきたのか、そしてどのように関心を後退させていったのかについて紹介してきました。本章における経営学と健康の関係性に関する説明は非常におおざっぱなものではあります。しかし、このような動向を踏まえれば、ヘルシーカンパニーの背後にある経営学の考え方を読み取ることができそうです。そして動機づけ―衛生理論などモチベーション論に注目が集まるにつれて健康に対する関心が低下していったことが理解できそうです。もちろん衛生要因に対して企業が全く無視してきたわけではありません。そうではなく、動機づけや生産性の向上とは「分けて」考えられるようになっていったのです。そしてこれこそがローゼン教授の指摘した部分最適の始まりだといえます。

　次章では、このように長らく「分けて」取り組まれてきた動機づけ要因と衛生要因、モチベーションや生産性の向上と健康の維持・増進を統合して考える最新の研究動向を紹介していきます。そして本書で提唱するウェルビーイング経営という考え方とその特徴について説明していきます。

第3章	ウェルビーイング経営の特徴

第Ⅰ部では、近年急速に実務の世界で注目されるようになった健康経営とはどのような取組みといえるのかについて経営学の観点から理解することを目指してきました。第Ⅰ部の最終章である第3章では、長らく無視されてきた健康がどのように経営学の中で再注目されるようになったのかについていくつかの研究に注目しながら理解していきます。

次に、既存の健康経営の中で十分に取り組まれてこなかった側面に注目するウェルビーイング経営の考え方と特徴を整理します。

3.1　基盤としての健康への再注目

第2章でふれてきたように従業員の健康は、経営学の古典において重要な研究対象であったにもかかわらず、徐々に研究対象から外れていきました。一方、従業員の健康問題をいかにマネジメントするのかが、近年の組織では重要な実践的課題となってきました。このような実務面の関心の高まりと同時に、経営学においても健康は重要な検討課題として再度認識されるようになってきました。

経営学はどのように健康問題に改めて注目するようになってきたのでしょうか。第2章2.6で紹介した一連の研究プロジェクトのスーパーバイザーでもあった神戸大学の金井壽宏教授は、健康問題が従業員のモチベーションのアップダウンにしばしば影響を与えているという基本的ながら重要な発見事実を見逃しませんでした。そして、健康をモチベーションのファウンデーション（基盤）の1つと位置付ける興味深い主張を行っています[26]。

26　金井壽宏 (2009)「仕事意欲－やる気を自己調整する－」(橘木俊詔編著『働くことの意味』ミネルヴァ書房, 77-116.)

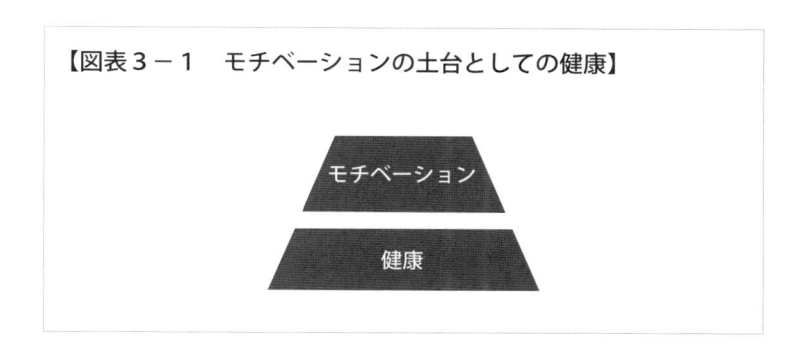

図表３－１をご覧ください。この図は２層から構成されていますが、モチベーションの下に健康が位置付けられています。もし健康が損なわれて土台部分の一部が失われてしまうとモチベーションを支えることができなくなり、モチベーションも減少せざるを得なくなります。先のデイリーモチベーション調査の結果を思い出してみてください。風邪や疲労で健康状態が毀損した従業員は土台が失われているために、モチベーションも縮小せざるを得なかったのだということがこの図からイメージできます。このような健康がモチベーションを下支えしているという関係性は現在健康経営を熱心に推進されている担当者の方にとっても、比較的理解しやすいイメージではないかと思います。

ところで、健康経営の文脈で健康だけでなくモチベーションを高めることにもつなげていく必要がある、という話をすると従業員の健康を守るという基本的で重要な話と生産性を高めるためにモチベーションを高めるという応用的な話を並列的に論じていいのかという質問を受けることがあります。もちろん従業員の健康を維持するという業務の中には、命に関わる問題も含まれますから極めて重要で高い優先順位が与えられるべきでしょう。

しかし健康を「経営」の文脈で考える場合には、従業員の健康や命を最終ラインで守ることだけでなく、従業員の健康増進を促すことでモチベーションひいては業績向上につなげていくことも同時に期待されていることを忘れ

てはいけません。両者の両立を目指すことは、結果的に従業員の健康問題に組織が熱心に取り組むことに繋がりますし、組織の隅々まで普及させることの原動力になるはずです。両者の間に関連性を想定し、相乗効果を見出すことが重要だと私は考えています。

　さて、図表3−1を経営学がモチベーションという概念を獲得するにしたがって健康に注目しなくなっていった理由に注目しながら捉えなおしてみましょう。こちらの図からは従業員を健康にしさえすれば従業員の業績は向上するのであるという主張もやや楽観的過ぎるということを示唆しているようにもみえます。健康という土台を広げるだけではワーク・モチベーションは必ずしも高まらないからです。皆さんの職場にも健康への意識は高いものの、必ずしも仕事に対して熱心ではない、という方がいるかもしれません。終業時間が近づいたら、帰りに立ち寄るジムでのトレーニングへと思いを巡らしているというような従業員です。こういう従業員ばかりでは、経営者や管理者は困ってしまうでしょう。このように健康はモチベーションの土台ではあるけれども、健康増進を進めるだけ、ではモチベーションに結びつくとは限りません。健康状態の良さをモチベーションに結びつけていくプロセスにも注目することが重要です。

　また、ストレスを過度に感じない仕事生活を送ることは重要ですが、そういった状態を実現するために難しい仕事は一切しないとか、極力他人任せにする、ということでは周囲の人に悪影響を及ぼしてしまいます。健康のために仕事を放棄するようなことも管理者としては望む状態ではありません（もちろん、適正な労働時間の管理や施策が伴っていることが前提です）。

　このように健康という土台は、モチベーションなどの肯定的な仕事への態度を伴わない限り、業績には結びつきません。健康であることを通じて得られた活力が（少なくとも就業時間中の間は）組織目標の達成に方向付けられて、初めて業績に結びつくのです。経営学の観点からすれば、土台ばかり大きいアンバランスなピラミッドの従業員を増やすことは望ましくありません。従業員の健康へと投資を進めるときには、土台を大きくするだけでなく、

土台の大きさをモチベーションの拡張へと結びつけていくことを同時に考えていく必要があります。

3.2 生産性と健康の両立を目指す理論的基盤：仕事の要求度―資源モデル

　従業員の健康と生産性の問題は確かに難しい問題です。そしてだからこそ、組織ではこれまで部門を分けて、役割分担をして取り組んできたとも考えられます。しかしながら役割分担がなかなかうまくいかないという現実に直面して、改めて両者の両立について考えていく必要があります。

　両者の両立問題についての理論的基盤はいくつかのアプローチに求めることができますが、メンタルヘルスの領域で先行して検討されてきました。そこでここでは、メンタルヘルスの領域で健康と生産性の両立を考える際の理論的基盤となってきた仕事の要求度―資源モデル（ＪＤ－Ｒモデル）について紹介していきます。

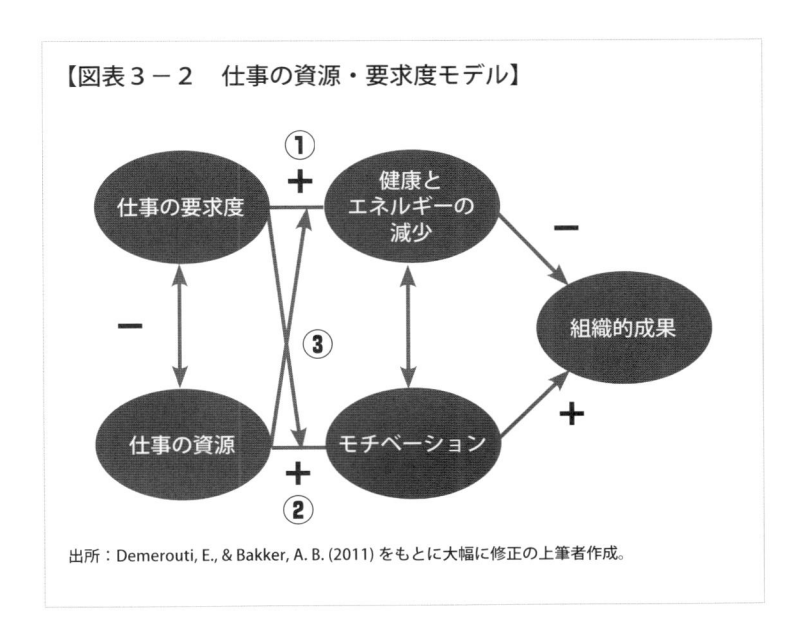

【図表３－２　仕事の資源・要求度モデル】

出所：Demerouti, E., & Bakker, A. B. (2011) をもとに大幅に修正の上筆者作成。

　ＪＤ－Ｒモデルは、様々な職場の状況要因を仕事の要求度と資源の２種類にまとめた上で、職場の状況要因が従業員のウェルビーイングやストレスへ与える影響関係を想定するものです。図表３－２をご覧ください[27]。上述した２つの要因とそれぞれの影響関係の経路が簡潔にまとめられています[28]。１つ目の影響関係は、仕事の要求度が健康に負の影響を与えること（図表３－２の①）を通じて、組織の業績に負の影響を与えるという関係を想定しています。これは従来公衆衛生の研究領域や産業組織心理学の領域で重視されてきたストレス研究と深くかかわるものです。

　ここでいう仕事の要求度とは具体的にはどのようなものなのでしょうか。図表３－３をご覧ください。まず、長時間労働といった仕事の身体的側面も含まれますし、自分の能力に対して過剰に高い成果を期待されているとか、難しい仕事をこなすように求められている、というような仕事の難易度に基づく認知的な負担なども当てはまります。また業種によっては近年注目を集めている感情面の負担感も含まれます[29]。顧客からのクレームに対応し、謝罪しつつ相手に納得してもらうというような業務は、従業員に大変な負担を強いる側面があると思われます。サービス業に従事する従業員が増加した昨今では、こういった感情面における仕事上の負担も見過ごすわけにはいけません。

　２つ目の影響関係が、仕事の資源がモチベーションに正の影響を与えること（図表３－２の②）を通じて、組織の成果を高めるというものです。こちらの経路は従来の経営管理論や組織行動論で明らかにしてきた知見とも関連

27　Demerouti, E., & Bakker, A. B. (2011)"The job demands-resources model: Challenges for future research." *SA Journal of Industrial Psychology*, 37(2),1-9

28　Hakanen, J. J. & Roodt, G. (2010) "Using the job demands- resource model to predict engagement: Analysing a conceptual model." In A. B. Bakker, & M. P. Leoter (eds.), *Work engagement: A handbook of essential theory and research*, 85-101 Psychology Press.（島津明人総監訳 井上彰臣 大塚泰正 島津明人 種市康太郎監訳『ワーク・エンゲージメント―基本理論と研究のためのハンドブック―』星和書店 ,2014 年）

29　Demerouti, E., & Bakker, A. B. (2011)"The job demands-resources model: Challenges for future research." *SA Journal of Industrial Psychology*, 37(2),1-9.

します。

　具体的な仕事の資源としては、以下の要因があげられています。第1に、多様なスキルを活用することのできる仕事であるかどうかです[30]（図表3−3）。1つの作業だけを繰り返すルーチンワークは従業員のワーク・モチベーションを低減してしまいます。

　次に、仕事を進める上で従業員にある程度の裁量権が与えられているかどうかです[31]。職務自律性とも言い換えられるでしょう。仕事の進め方やスケジューリングなどについて従業員が判断する余地があるとワーク・モチベーションを高めることに繋がりますが、決められたことを決められたとおりに進めるだけだとワーク・モチベーションにはつながりません。

　経営学でこれまで強調されてきたその他の側面としては仕事の出来栄えに関するフィードバックがあるかどうかも影響を与える要因とされています[32]。自分の仕事がよい評価を得ているのか、不十分なのか、フィードバックがないと手ごたえを感じられず、やる気を失ってしまいます。営業など仕事の成果がすぐに判明し、商談がうまくいった、いかなかったがわかりやすい職種もありますが、そうでない場合は仕事の出来栄えに関する情報を何らかの形で提供していくマネジメント側の工夫が必要です。

　なおＪＤ−Ｒモデルでは、対人関係要因もワーク・モチベーションに影響を与える資源とみなされています。例えば困った時に上司や同僚からサポートを得られる仕事なのかそうでないのか、コーチングを受けているかどうかといった要因も挙げられています[33]。

　働き方改革などで労働時間の削減に熱心に取り組まれている会社も多いと

30　島津明人 (2014)『ワーク・エンゲイジメント　ポジティブメンタルヘルスで活力ある毎日を』労働調査会。

31　島津明人 (2014)『ワーク・エンゲイジメント　ポジティブメンタルヘルスで活力ある毎日を』労働調査会。

32　島津明人 (2014)『ワーク・エンゲイジメント　ポジティブメンタルヘルスで活力ある毎日を』労働調査会。

33　島津明人 (2014)『ワーク・エンゲイジメント　ポジティブメンタルヘルスで活力ある毎日を』労働調査会。

思います。後述するように長時間労働は従業員の健康にも強い影響を与える組織レベルの健康課題と考えられます。そのため労働時間を削減して従業員の仕事の要求度（負担）を減らしていくことは健康経営、ウェルビーイング経営の観点からも有効な取組みです。

　しかし同時に注意も必要です。労働時間を削減するために職場のコミュニケーションが低下したり、相互のサポートが失われたりしないように気をつける必要があります。若手社員や異動してきたところの新規参入者などに対するサポートが減少したり、助けてほしいと言い出せない雰囲気の中で仕事をしたりすることは思わぬ弊害を生む可能性もあります。仕事の負担を減らすプロセスで仕事の資源まで失ってしまわないように注意が必要です。

　さらにＪＤ－Ｒモデルでは、１つ目の影響関係に対する仕事の資源の緩衝効果や２つ目の影響関係は仕事の要求度が高い時にこそ効果が増強されるという関係を想定し（図表３－２の③）、一部の研究で支持する結果を得ています[34]。

【図表３－３　仕事の要求度や資源の具体例】

仕事の要求度の例	仕事の資源の例
・身体的 ・認知的 ・感情的	・課題の多様性 ・仕事の裁量権 ・フィードバック ・周囲からのサポート

　このようにＪＤ－Ｒモデルは、これまで分けてとらえられてきた職場におけるやる気とストレスの問題、ひいては業績向上と健康の問題を同時に捉え

34　Hakanen, J. J. & Roodt, G. (2010) "Using the job demands- resource model to predict engagement: Analysing a conceptual model." In A. B. Bakker, & M. P. Leoter (eds.), *Work engagement: A handbook of essential theory and research*, 85-101 Psychology Press.（島津明人総監訳 井上彰臣 大塚泰正 島津明人 種市康太郎監訳『ワーク・エンゲージメント－基本理論と研究のためのハンドブック－』星和書店 ,2014 年）

ようとしている点に特徴があります。現在、世界中でＪＤ－Ｒモデルに基づく最新知見が急速に蓄積されつつあります。そしてこのような取組みは公衆衛生や産業組織心理学だけでなく経営学の世界にも広がってきています。ハーズバーグ教授らの動機づけ―衛生理論の提唱から半世紀がたち、業績向上と健康向上の問題は「分けて」考えるアプローチから、統合的に捉えるアプローチへと大きく転換しつつあるのです。

　そこで次節、ＪＤ－Ｒモデルの基本的な考え方を念頭に本書の中心的トピックであるウェルビーイング経営を紹介していきます。

3.3　健康経営からウェルビーイング経営へ

　ウェルビーイング経営は組織の業績と従業員のウェルビーイングの両立を目指すマネジメントのことです。図表３－４をご覧ください。ウェルビーイング経営では、組織施策は、従業員が職場で発揮する能力を高めることを通じて業績を高めるというような直接的な効果に加えて、組織施策が従業員のウェルビーイングを高め、その結果として組織業績が高まるという間接的な関係を想定しており、どちらかというと後者に大きな関心を注ぐ考え方といえるでしょう[35]。

　すでに述べたようにウェルビーイング経営は、健康経営の研究を進めていく上で浮上してきた考え方です。本書の副題にもあるとおり、健康経営の新展開として提唱するものです。したがって健康経営とウェルビーイングには共通点も多いわけですが、異なる点、あるいは従来は十分に注目されてこなかった側面にも注目していきます。

---

[35]　森永雄太 (2018)「チーム単位の健康増進施策と従業員のウェルビーイング」『一橋ビジネスレビュー』66(1)84-97.

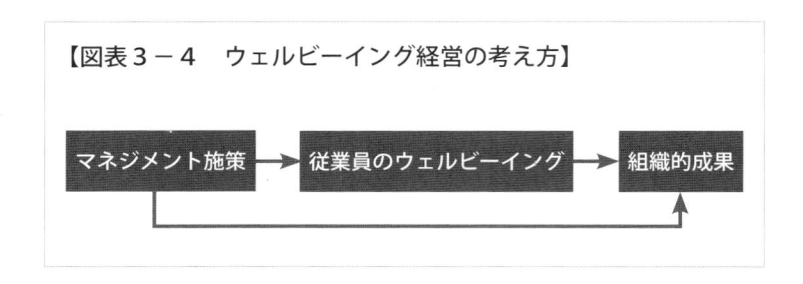

【図表 3 − 4　ウェルビーイング経営の考え方】

マネジメント施策　→　従業員のウェルビーイング　→　組織的成果

そこで以下では、健康経営とウェルビーイング経営の違いを対比的にとらえつつ紹介していきます。

3.3.1　ウェルビーイング経営の特徴①：促進効果への注目

　ウェルビーイング経営の特徴の 1 つ目は、促進効果、とりわけ健康への働きかけを通じて生産性の向上へ結びつけていくことに多大な関心を注いでいる点です。従来の健康経営はどちらかというと喫緊の課題である疾病率の低下、医療費の削減といった予防効果に注目して取り組んできました。

　これに対してウェルビーイング経営では、従業員の健康増進を生産性向上に結実させることにも強く注目します。

　もちろん、ウェルビーイング経営において予防効果を軽視してよいわけではありません。ウェルビーイング経営における予防効果と促進効果はスポーツにおけるオフェンスとディフェンスのようなもので、必ず両方とも必要です。ただし、従来の健康経営のメインストリームが「守り」重視だとすると、ウェルビーイング経営は「攻め」重視のマネジメントといえるでしょう。健康習慣を通じて従業員の健康を維持・増進するだけでなく、従業員の健康習慣づくりやその成果を組織的成果に結びつけていくことにも注目していきます。このようなウェルビーイング経営の特徴は、健康を最終成果として捉えるのではなく、従業員のウェルビーイングや成長ひいては組織の成長の手段

として捉えようとしているとも言い換えられます。

3.3.2　ウェルビーイング経営の特徴②：ポピュレーションアプローチへの注目

　第 1 の特徴と関連してウェルビーイング経営では組織で働く従業員全体をマネジメントの対象であるとみなしている点も重要なポイントです。いいかえれば、第 1 章で紹介したポピュレーションアプローチを通じて施策の効果を組織全体に行き渡らせていくことにより強く注目しています。

　従来の健康経営はどちらかというとハイリスクアプローチに注目してきました。安全衛生配慮義務の元で健康診断の受診を徹底し、健康診断の結果でハイリスク者と認められた対象者にアプローチしていく、というものです。

　これに対してウェルビーイング経営は、このようなハイリスクアプローチに加えて、ポピュレーションアプローチに取り組むこと、ポピュレーションアプローチを従業員のウェルビーイングに結実させることに注目する点に大きな特徴があります。

　この特徴と関連して、ウェルビーイング経営では、健康施策など自分には関係ない、と考えている従業員をいかに巻き込んでいくのか、という点が重要になってきます。また幅広い従業員を巻き込むためには、トップダウンの方針が現場の管理者の理解を得ることも重要になってきます。トップのコミットメントを活用して、ウェルビーイングを高めるための行動に従業員を巻き込んでいくための「マネジメントの仕組み」を検討していく点にこそ、ウェルビーイング経営のポイントがあるいえます。

3.3.3　ウェルビーイング経営の特徴③：セルフマネジメントへの注目

　ウェルビーイング経営の特徴の 3 つ目は、従業員の自己管理（セルフマネジメント）能力の育成の中で健康問題を捉えていることです。従来の健康経

営では、従業員の健康の維持増進を個人任せにせずに組織が責任をもって取り組むべきであるという点が強調されてきました。そのため、健康経営に熱心に取り組まれている企業では企業内診療所の設置や運動することのできるスペースの確保といった設備投資や労働時間削減などの環境整備を熱心に進めてきましたし、そういった取組みが高く評価されてきたかと思います。

これに対してウェルビーイング経営では、これらの環境整備を前提としたうえで、ウェルビーイングの維持向上に対する意識とスキルが伴っているかどうかに注目します。いくら設備が整っていても、従業員がその設備を効果的に活用しなければウェルビーイングは実現できません。従業員が健康であること、ウェルビーイングを向上させていくことに価値を見出し、自らウェルビーイングを向上させていく生活習慣と働き方を実現することが重要です。第2の点とも関連しますが、ウェルビーイング経営では従業員が施策に参加するように「意欲」を高めていくことが求められています。

また、このようなウェルビーイングをセルフマネジメントするスキルは、自己管理能力の一部として捉えられます。仕事を自律的に進められるようになることと自分の健康やウェルビーイングを維持できるようになることは共に自己管理能力の問題ともいえます。健康やウェルビーイングについては自己管理をするけれど、自律的に働いたり、成果を自己管理したりすることはできない、という従業員を育てることは真の目的ではありません。仕事の成果とウェルビーイング双方の自己管理能力を共に高めていくことで、個人の成長と組織の成長を結びつけることが可能になります。

3.4　なぜウェルビーイング経営なのか

ここまで述べてきたように、ウェルビーイング経営は健康経営を土台としつつも、健康経営の実践では見過ごされがちであった側面を強調する考え方です。ウェルビーイング経営の一つひとつの特徴は、健康経営の定義の中に

含まれるものかもしれません。なぜ、あえてウェルビーイング経営という言葉を用いる必要があるのでしょうか。理由は 2 つあります。

　1 つ目の理由は、ウェルビーイング経営の目指すものが、一般に健康という言葉で想起されるイメージとは異なるからです。この後すぐに述べるように、健康は必ずしも「病気でないこと」だけを意味しません。しかし、実際に私たちは「健康を損なった」という言葉を聞いたときに「病気になった」ことをイメージしてしまいます。健康経営のポジティブな側面に注目する取組みでは、あえて「別の」言葉を用いることが現時点では多くの人に適切なイメージを伝えやすいと考えたのです。

　2 つ目の理由は、ウェルビーイング経営を実現する取組みは、安全・衛生の取組みだけではないからです。本書では従業員のウェルビーイングを健康よりも広い概念として捉えていきます。そしてそのため、従業員のウェルビーイングは（安全・衛生も重要な柱の 1 つですが）、それだけで成し遂げられるものではないと考えています。そのため、人材開発やキャリア開発など様々な人事施策と関連させて取り組むための共通言語として、ウェルビーイング経営という用語がより適切だと考えました。

　多様な領域の専門職が協働するためには、専門職が領域を越えて共有できる共通言語が重要です[36]。ウェルビーイング経営は、病気でない人や、若い人も含めた組織全体を対象とした取組みです。また医療職だけが推進する取組みではなく、人事や総務、管理者にも理解してもらう必要がある考え方です。そういった幅広い人との関係を見出しやすい用語を軸に取り組むことが、組織全体に浸透する取り組むうえで重要でしょう。

　以降では、ウェルビーイング経営の大まかな枠組みについてより具体的に紹介していきます。

36　Mikes, A., Hall, M., & Millo, Y. (2013) "How experts gain influence." *Harvard Business Review*, 91(7-8), 70-74.

3.5　ウェルビーイング経営の実践

　ここまでウェルビーイング経営の特徴について健康経営のメインストリームと対比的にとらえることで明らかにしてきました。健康経営を推し進めていく上での新展開として、どのような点が特徴なのか、ご理解いただけたでしょうか。以下では、図表3－4に示したウェルビーイング経営の基本的な考え方を構成する要素の具体的な中身について少し細かく見ていきたいと思います。

3.5.1　従業員のウェルビーイングとは

　ウェルビーイングは科学的にどのように扱われてきたのでしょうか。ウェルビーイングは心理学だけでなく心理学を職場に応用しようとする数々の研究領域で蓄積されてきました。また「はじめに」で紹介したように、非常に幅広い概念であるとされています[37]。そのため、ウェルビーイングは様々な考え方に基づいた捉え方・切り取り方がなされてきました。ここでは、4つのアプローチを紹介していきます。

　1つ目のアプローチは、快楽や幸福（ハッピー）としてのウェルビーイングに注目するものです。ポジティブ心理学の領域でも有名なディーナー教授は、肯定的感情と低いレベルの否定的感情、高いレベルの生活満足度からなる主観的ウェルビーイングと呼ばれる考え方を提唱しています[38]。

　2つ目のアプローチであるウィスコンシン大学のリフ教授は、人生の意義や可能性に注目した心理的ウェルビーイングという考え方を提唱しています。この考え方に基づいて作成された尺度は、「自己受容」「人生の目的」「自己成長」「他者との肯定的関係」「環境のコントロール」「自律性」という6

37　Sonnentag, S. (2015) "Dynamics of well-being." *Annual Review of Organizational Psychology and Organizational. Behavior*, (2): 261-293.

38　Diener, E. (2000)" Subjective well-being: The science of happiness and a proposal for a national index." *American psychologist*, 55(1), 34-43.

つの下位尺度から構成されています[39]。リフ教授らの尺度を日本語に訳して用いた調査結果[40]や、同じ6次元に従って作成された日本版尺度[41]も開発されています。

　3つ目のアプローチは、仕事関連のウェルビーイングとしてやや領域を限定しようとするものです。上記の2つのアプローチは生活全体に関わるものとして位置付けられています。確かに従業員の生活が満足度の高いものであればそれに越したことはありません。しかし一方で従業員の生活には仕事以外の様々な要因の影響を受けているものであり、それを会社や管理者がマネジメントすることは難しい部分もあります。このような考え方に基づき、ウェルビーイングの領域を仕事に関わるものに限定する考え方もあります。その代表的なコンセプトが、バッカー教授やシャウフェリ教授らによって提唱されたワーク・エンゲージメント[42]です。健康経営の中でも、先進的な取組みを進められている企業の中には、従業員のワーク・エンゲージメントの測定を施策のスループットとして取り入れられている企業も多いかと思います。また仕事の側面にウェルビーイングを限定することは家庭や社会における活動の影響を無視することにはなりません。近年では家庭生活の充実度がワーク・エンゲージメントに対する影響を示す調査も蓄積されるようになってきました。

　4つ目のアプローチは、2つ目のアプローチに近いものですが、やや変化球のアプローチです。ここまで見てきたように、ウェルビーイングとは幅広

39　Ryff, C. D. (1989)" Happiness is everything, or is it? Explorations on the meaning of psychological well-being." *Journal of personality and social psychology, 57*(6), 1069-1081.

40　詳しくは菅智絵美・唐沢真弓「幸福感と健康の文化的規定因―中高年のコントロール感と関係性からの検討」『東京女子大学紀要論集』59(1), 195-220.

41　西田裕紀子 (2000)「成人女性の多様なライフスタイルと心理的 well-being に関する研究」『教育心理学研究』48(4), 433-443.

42　Schaufeli, W. B., Bakker, A. B., & Salanova, M. (2006)" The measurement of work engagement with a short questionnaire: A cross-national study. "*Educational and psychological measurement, 66*(4), 701-716.

い領域を含む考え方です。それゆえ様々な観点から研究が蓄積されてきました。逆にいえば、1つの考え方では、ウェルビーイング全体を把握することが難しいということでもあります。例えばワーク・エンゲージメントは従業員の職務遂行に関して動機づけられているかどうかを捉えるものですが、職場や同僚に対する一体感や愛着といった側面は十分にとらえられていません。こういったやや実践的な観点からいくつかの既成概念を借りながら、ウェルビーイングを総合的に評価しようとする考え方も生まれてきました。

　このアプローチをとる代表的研究の1つがアメリカ心理学会の心理的健康職場の研究です[43]。図表3−5をご覧ください。心理的健康職場では従業員の健康と組織的効率すなわち組織業績との両立を考えるにあたって、より広い概念である従業員ウェルビーイングを用いてモデル化しています。ここで従業員ウェルビーイングに含まれる具体的な変数は、①身体的健康、②精神的健康、③ストレス、④モチベーション、⑤コミットメント、⑥職務満足、⑦モラール、⑧風土の8つです。狭義の健康だけでなく、モチベーションやコミットメント、職務満足といった組織行動論で蓄積されてきた職務態度が従業員ウェルビーイングの一部として用いられています。これらの変数を組織レベルの健康課題に対応する形で選択的に活用して、自社の健康課題が解決されているかどうかを経時的に把握していく方法も考えられます。

　本書の第Ⅲ部では、4つ目のアプローチに依拠しながらウェルビーイング経営に取り組んだ施策の成果を総合的に把握していく試みを行っていきます。

43　Grawitch, M. J., & Ballard, D. W. (2016) *The psychologically healthy workplace: Building a win-win environment for organizations and employees.* Washington, DC: American Psychological Association. Grawitch, M. J.,
　Gottschalk, M., & Munz, D. C. (2006) "The path to a healthy workplace: A critical review linking healthy workplace practices, employee well-being, and organizational improvements," *Consulting Psychology Journal: Practice and Research*, 58, p.129-147.

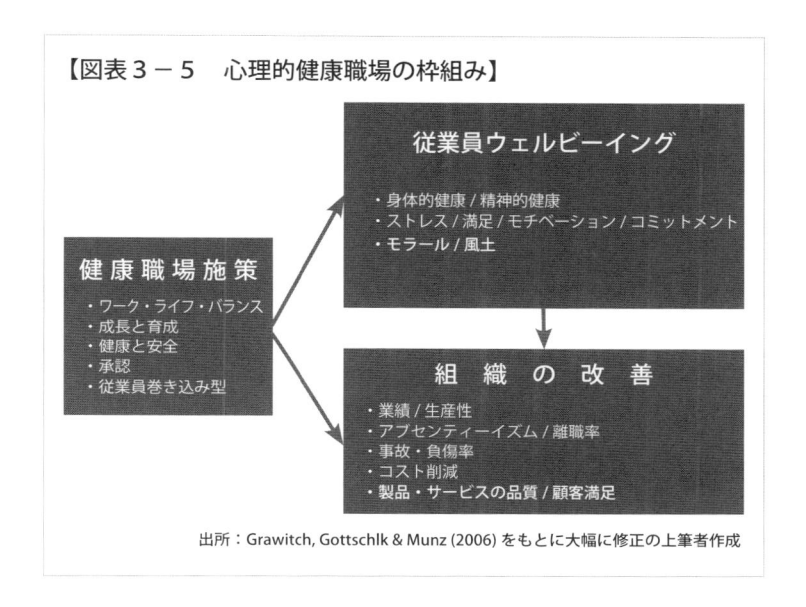

【図表3－5　心理的健康職場の枠組み】

従業員ウェルビーイング
・身体的健康／精神的健康
・ストレス／満足／モチベーション／コミットメント
・モラール／風土

健康職場施策
・ワーク・ライフ・バランス
・成長と育成
・健康と安全
・承認
・従業員巻き込み型

組　織　の　改　善
・業績／生産性
・アブセンティーイズム／離職率
・事故・負傷率
・コスト削減
・製品・サービスの品質／顧客満足

出所：Grawitch, Gottschlk & Munz (2006) をもとに大幅に修正の上筆者作成

3.5.2　生産性／業績とは

　ウェルビーイング経営において、生産性や組織業績の向上はどのように考えればよいのでしょうか。まず先にも引用した心理的健康職場における組織的効率の変数を紹介しましょう。組織的成果は、9つの変数が取り上げられています。具体的には競争優位、業績（生産性）、アブセンティーイズム、離職率、事故／負傷率、コスト削減、雇用の際の選択される優先度、製品やサービスの品質、顧客サービスや顧客満足度です[44]。

　ウェルビーイング経営の特徴はポジティブな側面を増やしたり、伸ばしたりしていく点に強く注目することにありました。そこで、ここで上げられた変数を促進効果と予防効果という観点から整理してみましょう。

　促進効果に関わる変数としては、業績（生産性）や競争優位、雇用の際に

44　Grawitch, M. J., Gottschalk, M., & Munz, D. C. (2006) "The path to a healthy workplace: A critical review linking healthy workplace practices, employee well-being, and organizational improvements," *Consulting Psychology Journal: Practice and Research*, 58, p.129-147.

選択される優先度、製品やサービスの品質、顧客の満足度が含まれるでしょう。一方予防効果と関わる指標としては、事故やアブセンティーイズム、離職率が挙げられています。

　促進効果について想定するレベルで分けてみましょう。全体的には集団レベル・組織レベルの指標が多く、雇用の際に選択される優先度、製品やサービスの品質、顧客の満足度などが挙げられます。一方で、従業員個人レベルの要因については業績（生産性）のみが挙げられていることがわかります。この点に関連して健康経営の文脈では、これまで従業員個人レベルに対するポジティブな成果としては、生産性が注目されてきました。そしてその具体的な指標としてはプレゼンティーイズムが用いられてきました。確かにプレゼンティーイズムは、これまでたくさんの研究蓄積のある概念ですから、健康経営やウェルビーイングの成果を測定する指標として有益であると思います。プレゼンティーイズムの長所は、ロスの程度が明らかになるため、どの程度のロスがあるのか、ひいてはロスしている金額を算出しやすい点です。プレゼンティーイズムが起こっていることでどの程度の金銭的なロスが生じているといえるのかを明確にし、それを減じることで金銭的な削減効果（すなわち費用対効果）を強調することができます。ただし、プレゼンティーイズムは、自分の通常のパフォーマンスに対して現在のパフォーマンスがどの程度減じられているかを測定するものですから、結局ポジティブを伸ばす側面を本当に捉えているのかという意味では疑問が残ります。ポジティブな要因に注目して、その要因を増加させていこうとするウェルビーイング経営のアプローチとはやや異なる考え方の指標といえます。

　加えてプレゼンティーイズムで測定しようとする生産性に適する仕事と適さない仕事もありそうです。職場で従業員が生産性を高める際には大きく分けて2つの方法があります。1つは、従来から重視されてきた1つの仕事に対してかける時間を短くするという方法です。皆さんがスーパーでレジ打ちをしているとすれば、同じ1時間で20人のお客さんの会計をするよりも30人のお客さんの会計を処理する方が、生産性が高いということになりま

す。もう1つの方法は、処理するお客さんの数は同じでも、お客さんの満足度が高まるような付加価値を提供するということが考えられます。単に合計金額を算出してお金のやり取りをミスなくするだけでなく、お客さんにまた来てもらえるようなホスピタリティ溢れる振る舞いをすることです。たとえば、丁寧に袋詰めをすることはお客さんのスーパーに対するロイヤリティに結びつき、リピート率や売上げに貢献するでしょう。

　プレゼンティーイズムは、前者の変化をとらえることには適していますが、後者の変化をとらえることには適していません。従業員がどの範囲を自分の業務に含めるのか、どの程度を100%と考えるのかがまちまちだからです。

　そこでウェルビーイング経営では役割内業績と役割外業績という指標を用いて、従業員に決められた仕事を最低限行うことに加えて役割外の業務をどの程度取り組んでいるのかについて測定することも有効だと考えています。役割外行動にも積極的に乗り出す従業員は主体的かつ自律的に仕事に取り組んでいるといえるでしょう。そしてこのような活動を増加させていくことは職場内の仕事や人間関係をスムーズにし、職場全体の生産性を高めることにつながると考えられます。もちろんこれらの評価も多くの場合自己評価で行われるため、バイアスがあることは否めません。上司評価や客観指標との併用ができる場合には、それらも同時に用いていくことが望ましいことはいうまでもありません。

3.5.3　ウェルビーイング経営の具体的施策

　ウェルビーイング経営の具体的施策としては、どのような施策が想定されるのでしょうか。健康経営を狭くとらえれば、安全衛生や健康増進に関わる諸施策に限定されるということになるかもしれません。しかしウェルビーイング経営では、従業員のウェルビーイングに影響を与える幅広い施策群を想定しています。そしてこれらの幅広い施策間の連携を取りながら体系的に実行していくことが重要だといえるでしょう。具体的にどのような施策が対象

になるのかイメージしやすくなるように、ここでは図表 3 － 4 で紹介した心理的健康職場のモデルに基づいて 5 つの施策群について紹介していきます[45]。

　第 1 に、いうまでもなく健康と安全に関する取組みが挙げられます。健康リスクの評価をしたり、健康な生活習慣を取り入れるためのサポートをする取組みが挙げられます。具体的には、心身の健康に関する知識やスキルを伝達する講習会を開催したり、禁煙を促すイベントの開催をしたりすることが挙げられるでしょう。また事故が生じないような安全な職場作りを心掛けたり、職場における身体活動量を増加させるような遊歩道の整備やフィットネス設備を設置したりすることも有効であると考えられます。当然のことながら健康経営の中心的な取組みとみなされる健康増進プログラムもこの健康と安全に関する取組みの 1 つとみなされることが多いでしょう。

　第 2 に、ワーク・ライフ・バランスの実現を後押しする取組みが挙げられます。組織が従業員の柔軟な働き方を認めることも従業員の健康と組織的成果を両立する方法の 1 つであると指摘されています。例えば在宅勤務制度を取り入れることは、従業員が通勤に使っていた時間を仕事に回すことを可能にします。またフレックス制を取り入れることは、スケジュールの柔軟性を高めて、私生活との両立をしやすくすることにつながります。そしてこのように柔軟な働き方を取り入れることは、仕事と家庭生活のスケジュール調整によって感じる従業員のストレスを低減すると同時に働き方の自律性を高めることを通じてモチベーションを向上させることが期待できるでしょう。

　第 3 に、従業員巻き込み型の取組みも挙げられます。具体的には、組織の意思決定に対して従業員を巻き込む意思決定プロセスを構築することや、仕事を遂行するプロセスで従業員に大きな自律性を与えて従業員の自発性を引き出す取組みが挙げられます。組織が抱える問題について従業員がチームを

45　Grawitch, M. J., & Ballard, D. W. (2016) *The psychologically healthy workplace: Building a win-win environment for organizations and employees*. Washington, DC: American Psychological Association.

結成し、問題についての解決案を提供し、実行する取組みを行えば、組織の業績向上が見込めます。このような取組みで扱う問題は、必ずしも健康問題に直接関わる問題とはならないかもしれません。しかし組織が直面している問題に対して取組みを行うことで、従業員のストレスや負担を減らし、健康状態をよくする間接的な効果が期待できるでしょう。またこのような問題解決プロジェクトに参加することで、組織の問題を自分と関連する問題であると感じるようになったり、従業員が他の従業員とコミュニケーションをとる機会が増加したりすることで、組織に対する愛着を感じるようになることも期待できます。従業員の参加を促し、組織で働くことに対する肯定的な意欲を引き出すことも期待できるでしょう。

　第4に、従業員の成長と育成に関わる取組みが挙げられます。従業員を教育し、能力を高めていくことも従業員の健康と組織的成果の両立に貢献すると考えられています。同じ難しさの業務であっても能力の高い従業員と低い従業員では負担を感じる程度は異なります。そのため従業員の能力を高めていくことで、より負担の大きい業務に取り組むことができるようにすれば、従業員の主観的な負担感は相対的に小さくなっていきますし、また能力を高めることで同じ業務を短い時間で取り組むことができるようになることも期待できます。また挑戦的な業務に従業員を割り当てることは、その従業員の能力を高めるだけでなく、仕事に対する意欲も高めることが期待できます。また社員間でメンタリングを行う制度を構築したり、社内でコーチングを受ける機会を提供したりすることで、従業員の適応を促し職務遂行を支援するだけでなく、成長を支援することを通じてモチベーションの向上やストレスを低減することが期待できるでしょう。

　第5に、従業員を承認するための取組みが挙げられます。従業員の貢献を認め、金銭的・非金銭的報酬を与えることも従業員の健康と組織的成果にとって重要でしょう。より公式的な要因としては、公正な報酬制度を設計することが有効でしょう。また特定の事象について素晴らしい貢献をした従業員に対して、特別な表彰を行うなどの制度も有効であると考えられています。ま

た、非公式な取組みとして上司が従業員に感謝する機会を増やしたり、仕事の区切りにお祝いする機会を創出したりするなど現場の工夫で様々な方法を取り入れていくことも有効であるとされています。このような取組みを通じて、従業員が「自分が重要な存在であると認められている」と感じることは仕事に対するモチベーションや職場や組織への愛着を高めることが期待できるからです。

　皆さんの中にはウェルビーイング経営の施策は健康・安全の取組みだけだと考えている人もいたかもしれません。しかし、典型的に想定される健康増進プログラムに加えて、健康な仕事生活を促す柔軟な働き方を推進する人事施策や能力開発、従業員と組織および従業員間の関係構築を進めるような様々な施策が有効であると考えられています。そして、そのような施策であればすでに取り組んでいる、という企業も多いかもしれません。そういった場合には、ぜひそれらの施策が健康増進施策との連携や関連性を意識しているかをチェックしていただければと思います。多くの場合、同じ従業員のウェルビーイングに関わる施策がそれぞれの目的に限定して取り組まれていたり、分離して取り組まれていることが多いと思います。施策を連携し、一貫性を持って取り組むことで施策の意義が組織内に強く浸透し、効果も高まることが期待できるでしょう。

3.6　まとめ

　本章では、経営学で健康が再度注目されるようになった理由、そして健康と生産性の両立を目指す理論的基盤としての仕事の要求度―資源モデルを紹介しました。その上でウェルビーイング経営という考え方を紹介し、その特徴と想定される施策を紹介しました。

　ウェルビーイング経営を理解し、実践しようとする場合には、どのような準備を進めていけばよいのでしょうか。第Ⅱ部では、ウェルビーイング経営を推進しようとする担当者が直面する問題を取り上げ、それらの問題への対応策を検討していきます。

第Ⅱ部

事例編 先進事例から何を学ぶべきなのか

第Ⅱ部はウェルビーイング経営を始めるための準備編です。ウェルビーイング経営の考え方に共感したとしても、いざ始めようとすると様々な壁に直面することが予想されます。第Ⅱ部ではウェルビーイング経営を早くから実践していると考えられる２つの先進事例を紹介し、その実践状況から、ウェルビーイング経営を始めるにあたって検討すべきポイントを整理していきたいと思います。

第４章では、事例の記述に先立って、ウェルビーイング経営を始めようとする推進担当者に立ちはだかる３大問題を紹介します。また、先進事例からどのように学ぶべきなのかについて本書の立場を明らかにします。

第５章と第６章では、３大問題を解き明かすべく、実際のウェルビーイング経営の先進事例を紹介していきます。そして、ウェルビーイング経営を始めるにあたって検討すべき５つのポイントを整理します。

第4章　先進事例に学ぶ

4.1　ウェルビーイング経営に立ちはだかる３大問題

　第３章では、ウェルビーイング経営の特徴や具体的な取組みについて説明してきました。ところが、いざウェルビーイング経営を実際に始めてみようとすると様々な問題に直面することが想定されます。ウェルビーイング経営に取り組もうとした時に、推進担当者はどのような問題に直面するのでしょうか。

　本章では、ウェルビーイング経営に取り組もうとする際に直面すると考えられる問題点を「ウェルビーイング経営に立ちはだかる３大問題」として提示していきたいと思います。

4.1.1　事例がない問題

　ウェルビーイング経営という新しい考え方を実践しようとする際に直面する最初の問題は、先行事例が見当たらないことです。健康経営であれば健康経営の推進事例を紹介する著作や情報には事欠きません。しかし健康経営の実践を超えてウェルビーイング経営を実践している企業とはどのような企業なのかについて十分な情報があるようには思えません。またそのような企業社がこれまでどのように取り組んできたのかについて、十分な事例が提示されているわけではありません。

　繰り返しになりますが、ウェルビーイング経営は健康経営の新展開といえる考え方です。したがって、ウェルビーイング経営の先進事例は健康経営の

先進事例であることは間違いありません。しかし健康経営の先進事例がすべてウェルビーイング経営の先進事例かというと必ずしもそうでもありません。また、第Ⅰ部の議論は、やや抽象的な議論が中心となっていますので、具体的にイメージしづらいということもあるかもしれません。ウェルビーイング経営を推進していくためにも、具体的な先進事例を念頭に議論を展開していくことは非常に有益であると思われます。この点については第5章で具体的な2つの企業を取り上げ、紹介していくことにします。

4.1.2　成果が測れない問題

　ウェルビーイング経営を始めたい、そして、ＰＤＣＡを回していきたい、と考えた際にぶつかる2つ目の問題は、「成果が測れない問題」です。ウェルビーイング経営の成果は何を測ればよいのでしょうか、あるいは、どのような尺度で測ることが適切なのでしょうか、という問題です。健康経営でも、そして健康経営の大きな影響を受けたウェルビーイング経営においても、施策をやりっぱなしにするのではなく、施策の成果を把握し、その効果を検証するとともに、施策の改善を図ることが重視されます。しかし、その「成果」や「効果」をどのように設定するのが適切なのかについて戸惑う声が多く聞かれます。そこで第5章では、先進企業がウェルビーイング経営の成果をいかに捉えているのか、いかに測っているのかについて紹介していきます。

4.1.3　参加者がいない問題

　最後は、いざウェルビーイング経営を始めて、ポピュレーションアプローチの施策に取り組んだものの、参加者が十分に集まらないという問題に直面することがあります。この「参加者がいない問題」は、実は一番難しい問題です。健康診断で自分の健康状態に問題がある、と自覚した従業員であれば健康問題を我がこととしてとらえやすいのかもしれません。一方、企業の中には、健康診断を受診しているけれどもどこにも問題は認められていないし、

健康増進施策など自分とは何の関係もないと感じている従業員が多いことも事実です。ポピュレーションアプローチにより多くの注目を注ぐウェルビーイング経営では、こういった従業員にも関心を持ってもらうことが重要です。ただし仮に関心を持ってもらったとしても、実際に施策に参加してもらうことは難しく、施策に参加してくれた人の意欲を中長期的に持続させることはさらに難しいのが現実です。もしも、失って初めてその価値を感じるものの代表例が健康や幸せだとするならば、ウェルビーイング経営やウェルビーイングを高める取組みの重要性を事前に理解してもらうことが難しいのも当然です。

　これまで健康経営の文脈では、参加者がいない問題の一番の処方箋としてトップのコミットメントに着眼してきました。本書も基本的にこの主張に賛成ですが、トップがコミットすることと、それが組織に受け入れられ、風土として根付くことの間には大きな隔たりがあるように感じています。トップのコミットメントを「建前」や「理想」に終わらせるのではなく、風土として根付かせ、従業員に浸透させるにはどのような方法があるのでしょうか。本書の第5章では、先進企業がトップのコミットメントを足掛かりに、いかにして多くの従業員を巻き込む取組みへと発展させてきたのかについても解き明かしていきたいと思います。

4.1.4　先進事例から何を学ぶのか

　ここまでウェルビーイング経営に立ちはだかる3大問題について紹介してきました。本書の第5章では、この3つの問題を解消する目的で先進事例を記述していきます。事例がない問題に対して事例を提供するだけでなく、成果の測定と参加者の確保というより具体的な2つの論点を軸に先進事例を読み解いていきたいと思います。

　ただし注意しなければならないことは、先進事例は先進事例に過ぎず、自社にとってのお手本とは限らないということです。また一見お手本だと思わ

れる事例であっても、あくまでも他社は他社です。他社でうまくいっている取組みや取り組み方を表面的に真似したとしても、自社でうまくいくとは限りません。先進事例からの学び方には一定の注意が必要です。

　次節以降では、先進事例から如何に学ぶべきなのかについて、本書の立場を明確にしていきます。

4.2　「真似ぶ」からはじめる

　私たちが新しい物事に取り組もうとする際に、最初はうまくいかない、というのは極めて当たり前のことだと思います。会社がこれまでやったことがない取組みを始める時も同じです。会社で新しい取組みをできるようになるために、私たちは何をすればよいのでしょうか。人が学習する際の最も基本的なパターンは、経験から学ぶことです。まずはやってみて、失敗を繰り返しながら、創意工夫を重ねていく。そして最終的に成功にたどり着くというものです。しかし新たに健康経営やウェルビーイング経営の推進者に任命された担当者はなかなかそうは考えられないかもしれません。世間を見渡せば、同業の、あるいは同じくらいの規模の会社が、すでに健康経営に取り組んでいます。遅ればせながら取り組もうとする自社では、他社よりも速いスピードで成功して追いつかなければ…と考えているかもしれません。自分が与えられたこの仕事を失敗せずに成功に導きたい、そのために、なるべく成功する確率を高めたい、と考えることは無理なからぬことでしょう。

　私たちは新しい物事を作り出す時に、必ずしもすべてを一から作り出す必要はありません。世の中には参考になりそうな知見がすでにたくさん蓄積されていることが多いからです。そういった先行して蓄積された知見に学び、効果的に真似することが、場合によってはより大きな成果を生み出すこともありそうです。

　経営学の重要な研究領域の 1 つであるイノベーション研究の中でも「まねる」に注目するアプローチがあるようです。学ぶという言葉の語源は「真似

ぶ」という言葉にあるそうですが、真似ることでイノベーションを起こすことが可能だという考え方です。

　このようなイノベーション研究の考え方に従えば、人事施策を変革すること、イノベーティブな健康増進施策を生み出し、自社に浸透させていく際に、他社や他の業界のマネジメントを真似ることは有効かもしれません。

4.3　人事制度を読み解く

　私の本務校である武蔵大学経済学部の伊藤誠悟先生に教えていただいた「二艘船づくり」という興味深いワークがあります。制限時間内に高品質な折り紙の二艘船をなるべくたくさん作るというワークで、仕事経験のない学生にモノづくりについて体感的に学んでもらう際に有効です。

　経営戦略を専門とする伊藤ゼミ、イノベーション論を専門とする山崎ゼミ、組織論の森永ゼミ、3つのゼミの1年生を集めてこのワークをやってみたことがあります。最初は「何で経済学部で折り紙の授業なんだ」といぶかしがっていた学生も、作業をするうちに熱を帯び、他のグループより高い生産量を誇ろうと白熱してきます。品質を重視して丁寧に作っているとたくさんは作れません。一方、効率を重視すると切断面が汚くなったり、折り目がそろっていなかったりして、高品質の製品が作れません。また、作業工程の設計や段取りの良しあしによって作業待ちの無駄が生じたり、材料の無駄が目につくようになったりするようになります。気の利いたグループだと、グループ内で分業と専門化が起こることがありますし、全く逆でセル生産方式をとるグループが出てくることもあります。学びポイントはワークをする毎に異なりますが、生産方式やリーダーシップなどについても短時間で体感的に学ぶことができます。

　実はこのワークが興味深いところは、このフェーズの前段階にあります。多くの人が協働して二艘船を作るためには、設計図が必要になります。このワークの前段階の授業では、設計図を実際に学生に作らせることもありま

す。まず、学生グループに、二艘船の完成品と模造紙を渡します。そして、二艘船を分解しながらどのような手順で材料を切断し、どのように折っていけば、きれいな二艘船の完成品ができるのかについてわかりやすく伝える設計図を作らせます。リバースエンジニアリングのさわりを体験することのできるワークともいえるかもしれません。折り紙としてはそれほど難しくないので、どの班も正しい折り方を解明し、設計図を書き上げることができます。しかし興味深いことに同じ二艘船にたどり着く折り方であってもいくつかの異なる設計図が出来上がるのです。理由は簡単です。全ての折り目について図を描いていては設計図が長くなりすぎます。逆に、省略しすぎると勘違いしてしまう人がでてきてしまいます。設計図を理解してもらうために説明を加えなければならないということだと、余計に手間がかかってしまいます。何をどこまで書けば完成品を知らない人に正しく伝わる設計図になるかの判断が、チームによって異なってくるのです。

　さて、「二艘船づくり」のワークから私たちが学ぶべきことは、マネジメントや人事制度を事例から学ぶ時にも、場合によっては「読み解くこと」が必要ではないかということです。人事の世界では、様々な施策に関する先進事例が紹介されることが多いように思います。ただし人事のカンファレンスなどで事例が紹介される場合には、時間の制約からか、完成品の紹介に終わっていることが多いようです。確かに先進事例の現時点での完成品から学ぶべきことも多いはずですが、そこから学べることは実は限定的になってしまいます。時には、完成品を分解して内部の構造を紐解き、設計図や設計思想を類推してみる必要があるのではないでしょうか。

4.4　プロセスと論理を学ぶ

　ウェルビーイング経営において人事制度を「読み解く」とは一体どういうことでしょうか。私は 2 種類の「リバース」が必要ではないかと考えています。1 つ目が、現在から過去への時系列のリバースです。2 つ目が具体的な

施策から抽象的な仮説と論理へのリバースです。以下では順に説明していきましょう。

1つ目は、現在から過去へと時系列をさかのぼることです。私たちが先進事例から学ぼうとするとき、あるいは模倣しようとする時、過去のプロセスを無視して現在の完成形に注目しがちです。その結果、成功事例は、完全無欠の成功ストーリーとして描かれがちです。

しかしどのような企業でも、最初は小規模にできる範囲から始めたことが多いはずです。最初の段階の取組みから拡張するプロセスで何が問題になったのか、どのような工夫をすることで理解を得られるようになったのか、などのプロセスからこそ、学ぶことが多いはずです。

2つ目は「具体」から「抽象」へのリバースです。本書では、とりわけこの2つ目のリバースが重要だと考えています。先進企業の担当者は何らかの考えに基づいて施策を実施しています。ここでいう考えとは、「自社の健康課題は○○の方法で解決される」という「仮説」とも言い換えられます。また「この仮説が成り立つのは、○○だからだ」という論理とも言い換えられます。先進事例から学ぼうとする私たちが最終的に取り組むのは、具体的な施策なので、ついつい何をしているのか、という具体的な施策のみを学びたくなります。しかし私たちはその背後にある「仮説」と仮説が成り立つ「論理」までさかのぼって学ぶ必要があります。

本書でこのような2つの学び方を重視する理由は、ひとえに、先進事例からの学びをより効果の高いものにするためです。言い換えれば、先進事例に学ぶ方法は時として間違った表面的な真似を誘発し、失敗を導くこともあるのです。

4.5　良い模倣と悪い模倣

表面的な真似と効果的な真似にはどのような違いがあるのでしょうか。ここで再びイノベーション研究の知見を参考にして考えていきましょう。早稲

田大学の井上達彦教授は企業の戦略やビジネスシステムの構築における模倣の重要性を主張されています。井上教授の主張で興味深いのは、模倣という行為を全面的に肯定するのではなく、模倣のもたらす負の側面にも注目した上で、良い模倣と悪い模倣を分けて考えていることです。悪い模倣には、私たちがよく思い浮かべるような法律に抵触するような模倣（特許の侵害やブランドのコピー等）だけでなく、うわべだけの模倣というものが含まれます[46]。例えば自社と同規模の業績好調な先進企業がフリーアドレスを導入しているとしましょう。これを見て、深く考えることもなくフリーアドレスを導入する、というような行為はうわべだけの悪い模倣といえるでしょう。例えばその先進企業は、フリーアドレス制の背後に部門間のコミュニケーションの欠如に基づくイノベーション不足を見出しているかもしれません。あるいは部門内の支援が不足していることによるメンタルヘルスの悪化を見出しているかもしれません。このような問題意識は自社でフリーアドレスに取り組もうとする目的と一緒なのでしょうか。あるいはその施策をそのまま持ち込んでも同様に機能するような状況の類似性はあるのでしょうか。もし解決したい問題が異なるのであれば、同じ解決策（フリーアドレス制）を取り入れたとしても期待した効果が出るはずはありません。きわめて当たり前のことのように思えますが、現実の世界では、先進企業の具体的な取組みをそのまま取り入れてしまうことが多いように思います。

　私たちは悪い模倣に陥らないようにどのようなことに気をつければよいのでしょうか。ここで改めて井上教授の主張を参考にすれば「良い模倣」が参考になります。「良い模倣」とは、目に見えている具体的な施策の背後にあるより抽象的な原理を理解し、その原理を自社が直面する課題に合わせて応用することです。先の本書での記述と関連させれば、その企業がどんな課題を解決するためにその施策に取り組んでいるのか、その施策がなぜ、どのようなプロセスで、その課題を解決すると考えているのか、という企業なりの

---

[46]　井上達彦 (2015)『模倣の経営学』日本経済新聞社。

「仮説」と仮説が成り立つ「論理」を読み解くことと言い換えられるかもしれません。

4.6　自分のフィールドに取り入れる

　パティシエの青木定治氏をご存知でしょうか。青木氏は、パリに5店舗、日本でも5店舗を展開する、洋菓子の本場フランスでも認められた実力派のパティシエです。青木氏のお店の人気商品には、和の材料を使ったスイーツがあります。この和の材料を使ったスイーツが出来上がるまでには良い模倣やリバースが上手に活用されたと考えられます。

　青木氏は和の食材を使うにあたって、パリで「偽物」を出したくはないと考えていました。そのため上っ面で和菓子を真似て使うことを良しとしませんでした。そこで「本物」の和菓子職人を探し、訪ね、教えを乞うたそうです[47]。

　青木氏が訪ねたのが、東京メトロ丸の内線の茗荷谷駅にほど近い小石川で菓子調進所一幸庵を営む水上力氏です。水上氏は近年では情熱大陸などテレビでも取り上げられることもあるほか、青木氏に限らず海外のパティシエが見学に訪れることも多い一流の和菓子職人です[48]。青木氏は水上氏の仕事を観察し、議論し、その結果として抹茶を使ったスイーツを発表し、パリでも大成功を収めていくことになるわけです。

　青木氏の事例で興味深い点は、青木氏は和菓子職人に学びましたが、単に和菓子職人のいうとおりにお菓子を作ったわけでもないということです。青木氏は、和菓子職人に学び様々な対話を繰り返した後に、抹茶を使ったスイーツを発表しています。しかし実は和菓子の世界では抹茶を和菓子の材料として使うことはありません。和菓子は基本的に茶(抹茶)と一緒に楽しむもので、抹茶がメインだとするとお菓子はサブだと位置づけられているからだそう

47　水上力・千葉望・堀内誠 (2018)『和菓子職人一幸庵水上力』淡交社。

48　水上力・千葉望・堀内誠 (2018)『和菓子職人一幸庵水上力』淡交社。

です[49]。抹茶と一緒に楽しむための和菓子に抹茶を使うことはあり得ません。しかし洋菓子は抹茶と一緒に楽しむことを前提としません。そのため必ずしも抹茶を材料として使うことがいけないとは言い切れません。このように、青木氏は、対話を通じて和菓子職人に学び、材料にこだわること、お茶と一緒に楽しむものである、という考え方は取り入れましたが、抹茶を使わないという部分は模倣しませんでした。和菓子職人が使う材料や技術などを学んで取り入れ、和菓子職人が大事にしている価値観や和菓子の背後にある日本文化も含めて学ぶ一方で、それらをパリで提供するスイーツの土俵にうまく盛り込むことで洋菓子の本場パリで成功したのではないかと思います。同じ菓子作りでも洋菓子と和菓子では発展してきた歴史も文脈も異なります。安易に模倣して取り入れるだけではなく、背後の論理や価値観を十分に学び、その上で自分のフィールドに取り入れることが重要でしょう。

　話を戻します。通常の人事施策の先進事例の紹介で仮説部分が語られることは多くありません。あってもそれほど多くは語られません。理由はおそらく2つあると思います。1つは、やっている側が十分にこの仮説について言語化できないということがあるかもしれません。先進企業であってもこの仮説部分について十分に整理し、言語化されているとは限らないからです。

　もう1つは、当初は十分に言語化されていた仮説が、担当者が変わるにつれて、十分に知識移転がなされなかったケースもあるかもしれません。初代の担当者の仮説がうまく2代目、3代目に伝わらないというケースです。この仮説部分はマニュアルや引継ぎ書に書かれることはないでしょう。時の経過とともに忘れ去られていくこともあるかもしれません。このように考えると、先進事例の中でも場合によっては悪い模倣が起こりつつあるケースもあるのかもしれません。

　本書では、紙面の制約はあるものの、なるべく一時点の「写真」で事例を語るのではなく、プロセスとその背後にある仮説に注意して事例から学んで

49　水上力・千葉望・堀内誠 (2018)『和菓子職人一幸庵水上力』淡交社。

いく予定です。

4.7 まとめ

第4章では、先進事例から何を、どのように学べばよいのかについて考え
ました。まず、ウェルビーイング経営に取り組もうとした際に直面する3つ
の問題（事例がない問題、成果が測定できない問題、参加者がいない問題）
を紹介しました。

次に、事例から学ぶ意義について確認しました。適切な方法で事例を参照
することで努力の方向性を定めるコストを縮小できる可能性があるし、生じ
うる問題を予見することができるかもしれません。結果的に早期でのウェル
ビーイング経営の実現を可能にするかもしれません。

最後に、悪い模倣に陥らずに2つの意味で「リバース」して抽象度の高い
学びを引き出すことの重要性を主張しました。具体的な施策そのものを深く
考えずに真似ることは悪い模倣に陥ってしまいます。本書では、現時点の完
成品のみから学ぶだけでなく、プロセスから学ぶことの重要性も指摘しまし
た。また、具体的な施策の背後にある仮説とその論理を読み解くことに重点
を置いていくことを述べました。先進企業とは業界や規模が異なるという読
者もいるかもしれません。しかし、ここでの学びをうまく自社のフィールド
に応用していただきたいと考えています。

現時点の先進事例の完成品は往々にしてスキがなく大規模で到底まねでき
ないと感じてしまうものかもしれません。しかしどのような企業でも最初は
小規模に、かつ不十分な体制ではじめた取組みだったということを忘れては
いけません。第5章では先進事例の現時点の完成度やすばらしさにため息を
つくのでなく、発展のプロセスと背後の仮説を足掛かりに、自社におけるア
クションのヒントを見出されることを期待しています。

第5章　先進企業の施策・プロセス・論理

　新しい考え方であるウェルビーイング経営は、これまで先進事例が十分に紹介されてきたとはいえません。もちろんウェルビーイング経営は健康経営をより拡張した考え方ですから、健康経営の先進企業が候補となります。しかしすべての健康経営の先進事例＝ウェルビーイング経営の先進事例とは言い切れません。ウェルビーイング経営に取り組もうとする企業は、どのような企業を参照し、学べばよいのでしょうか。

　第5章では、健康経営の先進企業として名高い企業の中から特にウェルビーイング経営の性質を強く兼ね備えていると考えられるＳＣＳＫとフジクラの2社を取り上げて紹介していきたいと思います。

5.1　ウェルビーイング経営の先進事例

　ウェルビーイング経営の先進事例としてＳＣＳＫとフジクラの2社を取り上げる理由は2つです。1つ目は、早くから健康経営に取り組み、成果が認められている企業であるということです。このような紹介の仕方をすると誤解を生むかもしれませんが、早くから取り組んでいることそのものが重要なのではありません。ここで取り上げた2社のように、健康経営銘柄などの認証制度が開始される前から取り組んでいるということは、昨今のように健康経営が社会的に注目される前から自発的に取り組んでいることを意味しています。言い換えれば自社で取り組む意義や目的意識が明確であることが多いともいえます。先進事例の保有する論理から学びたいと考えている私たちにとっては、目的が明確な企業から学ぶことが有益です。また、副次的な要素として長く取り組んでいる企業であれば、目的に向けてどのような取組みを

してきたのか、といった試行錯誤の歴史についての記述も可能になります。先進企業からプロセスを学びたいという我々の目的に適合的だといえるでしょう。

　2社を選択したもう1つの理由は、2社はともに健康に注目しながらも、異なった論理に基づいていると考えられる点です。そして異なるプロセスと論理に基づきながら、共にチーム単位の健康増進施策に注目して熱心に取り組んでいます。ウェルビーイング経営の背後にある課題はいくつかの問題に集約することはできますが、その問題設定の方法や解決策としての健康増進施策の取り入れ方には企業ごとの事情や工夫が盛り込まれているはずです。2社の事例を通じて、ウェルビーイング経営の多様性と個別性をうまく表現できるのではなかろうかと考えたのです。

　なお、改めて断る必要はないのかもしれませんが、本書は「2つの事例のどちらの取組みが良いのか」という優劣をつけることを目的としているわけではありません。2つの異なるタイプの事例から学ぶことを通じて、自社の健康増進活動に取り入れられる点や自社で健康増進活動に取り組む際に事前に検討する必要がある点について明らかにしていくことを目指していきます。

5.2　ＳＣＳＫの施策を概観する

　ＳＣＳＫは、2011年に住商情報システムとＣＳＫという2つの会社が合併することで誕生しました。システム開発やＩＴインフラの構築を主たる業務とする企業です。資本金211億5200万円、売上高3366億5400万円（連結、2018年3月期）、従業員数12054名（連結、2018年3月31日現在）の大所帯です[50]。

　ＳＣＳＫは健康経営銘柄の選定が2015年に始まって以来4年連続選出された数少ない企業（4年連続選定されている企業はこのほか花王株式会社、

50　ＳＣＳＫ株式会社ＨＰ (https://www.scsk.jp/corp/outline.html) による。

テルモ株式会社、ＴＯＴＯ株式会社、株式会社大和証券グループ、東京急行電鉄株式会社があります）の１つです。ＩＴ業界における健康経営の先進事例であるだけでなく他の業界を含めたとしても先進的な取組みを行っている企業の１つといえるでしょう。

　以下では、第１章で紹介した健康経営の枠組みをもとにＳＣＳＫの取組みを概観し、その後、ウェルビーイング経営の観点から深堀りしていきたいと思います。

5.2.1　理念への反映

　ＳＣＳＫでは、「夢ある未来を、共に創る」という経営理念を実現するために、３つの約束を掲げています。その１つ目に「人を大切にします。」と明記されており、この約束に基づいて健康経営が推進されています。また健康経営を推進することが就業規則に明記されていることも特徴的です。具体的には就業規則第 12 章に健康経営という章があり、健康経営の理念が明記されています。ここでは「社員一人ひとりの健康は、個々人やその家族の幸せと事業の発展の礎である。社員が心身の健康を保ち、仕事にやりがいを持ち、最高のパフォーマンスを発揮してこそ、お客様の喜びと感動に繋がる最高のサービスが提供できる。」と記載されています [51]。

　本書ではウェルビーイングを幸せと訳すことはしていませんが、ここでいう幸せをウェルビーイングと考えると、健康が従業員のウェルビーイングと組織的効率の双方に影響を与える関係を想定していると読むこともできるかもしれません。

　また後半の健康を保ち、仕事にやりがいを感じることが高い業績につながるという部分は健康を最終目的として捉える見方ではなく、サービスの提供のプロセス、あるいは手段として捉えていることが明記されているといえます。このように考えると、ＳＣＳＫは健康をきわめて重視しているけれども、

---

[51]　ＳＣＳＫ株式会社ＨＰ (https://www.scsk.jp/corp/csr/labor/health.html)

それは最終目標ではなくて、やりがいを介して個人の高いパフォーマンスに結実させていくことに最終目標があることがわかります。

5.2.2　推進体制

経営トップが健康経営推進最高責任者となったうえで「ライフサポート推進部」と「働きやすい職場づくり委員会」が連携しつつ取組みが進められています。

トップはこれまでも、社員の家族や取引先に対して健康経営の推進に関する手紙を送るなど積極的に取組みをけん引しています。

また専任部門であるライフサポート推進部は産業医、保健師、看護師、臨床心理士、キャリアアドバイザー、ヘルスキーパーといった専門スタッフや健保組合と連携しながら施策を展開しています。

最後に「働きやすい職場づくり委員会」では、健康・安全な職場の維持・向上に関することを含めた社員間のコミュニケーション活性化や福利厚生の充実に取り組んでいます[52]。

5.2.3　特徴的な施策

特徴的な施策の1つに環境整備があげられます。具体的には、社内診療所やリラクゼーションルーム、カウンセリングルームが開設されています。社内に診療所があることで病気が悪化する前の早い段階で受診したり、相談できる環境整備がなされています。肩こりや腰痛をデスクワークに伴う職場全体の課題とし、リラクゼーションルームでマッサージを受ける時間も勤務時間扱いとされる点も興味深い取組みといえるでしょう。また、カウンセリングルームはメンタルヘルス対策の一環と考えることができます。社内のコミュニケーション課題も大きな健康課題と認識したうえでの取組みと考える

52　経済産業省ＨＰ「2018健康経営銘柄選定企業紹介レポート (http://www.meti.go.jp/policy/mono_info_service/healthcare/kenko_meigara.html)

ことができます[53]。

　もう 1 つの特徴的な取組みは、セルフケアや健康行動・健康習慣を促すサポートです。具体的には、禁煙を促す取組みが熱心に進められています。喫煙習慣は生活習慣病を引き起こす原因であると考えられるため、禁煙治療のサポートを行っています。2010 年度に約 36％だった喫煙率は、2017 年度に 17.8％まで減少しており、今後 10％未満を目指すことを表明しています。興味深いのは、社外で催す職場主催の懇親会なども会場内を禁煙としているところです。このように、徹底した取組みが目立っています[54]。

5.2.4　施策の評価と測定

　ＳＣＳＫが取組みの評価項目として具体的に用いている数値として喫煙率や残業時間、有給休暇取得日数などが挙げられています[55]。

　また働きやすさと働きがいを含めた従業員の意識調査も行っており、当該項目の集計も行われています。2016 年度までは働きやすさとやりがいを同じ項目で測定していましたが、2017 年度からは「働きやすい会社であるか」と「やりがいのある会社であるか」を分けて測定することにしているようです。そしてその結果、やりがいについては改善の余地を感じているようです[56]。

5.3　ＳＣＳＫのプロセスを追体験する

　前節では、2018 年度時点のＳＣＳＫの健康増進の取組みについて特徴的

53　ＳＣＳＫ株式会社ＨＰ (https://www.scsk.jp/corp/csr/labor/health.html)

54　ＳＣＳＫ株式会社ＨＰ (https://www.scsk.jp/corp/csr/labor/health.html) および経済産業省ＨＰ「2018 健康経営銘柄選定企業紹介レポート (http://www.meti.go.jp/policy/mono_info_service/healthcare/kenko_meigara.html)

55　経済産業省ＨＰ「2018 健康経営銘柄選定企業紹介レポート」(http://www.meti.go.jp/policy/mono_info_service/healthcare/kenko_meigara.html)

56　ヒアリング調査にもとづく。

なポイントを解説してきました。本節では時系列的な記述を通じて 2018 年に至るまでのＳＣＳＫのプロセスを読み解いていきます。これらを読み解いていく中でＳＣＳＫがいかなる意味でウェルビーイング経営を実践してきたのか、どのように進展させてきたのかについて理解を深めていきたいと思います。

5.3.1　トップが旗振り役となる経営改革[57]

　2011 年に合併で誕生したＳＣＳＫは、当時のＩＴ業界の多くがそうだったように、長時間勤務が常態化していました。このような問題が生じていた背後にはＩＴ業界全体が直面していた課題がありました。システムは夜間も休日も止まることはありません。そのため夜間に問い合わせが来ることも多くあります。また仕事のたこつぼ化も起こっていました。自分の担当しているお客さんは自分しか対応できないということで、常に会社にいることが求められ、そういった行動が良いとみなされる傾向にあったようです[58]。

　このような状況を変えていくためにイニシアティブを発揮したのがＳＣＳＫ初代社長の中井戸信英氏でした。中井戸氏は住友商事の出身で、2009 年に住商情報システムの社長兼会長に着任しています。商社の世界からＩＴ業界に足を踏み入れた中井戸氏によって労働環境の改善が模索されるようになっていきます。このようにＳＣＳＫの健康経営は労働時間削減を中心としたトップが旗振り役の働き方改革・経営改革であったといえるでしょう[59]。

57　西久保浩二 (2013)『戦略的福利厚生の新展開―人材投資としての福利厚生、その本質と管理―』日本生産性本部生産性労働情報センター、によれば、ＳＣＳＫの前身である住商情報システムでは、合併前から健康経営に関わる取組みをスタートしているが、ここでは合併後の取組みに主として焦点を当てている。

58　日経ＢＰ総研　イノベーションＩＣＴ研究所 (2017)『ＳＣＳＫのシゴト革命』日経ＢＰ社。

59　日経ＢＰ総研　イノベーションＩＣＴ研究所 (2017)『ＳＣＳＫのシゴト革命』日経ＢＰ社。

5.3.2　失敗と気づき

　合併初年度の 2011 年は月平均の残業時間は 27.8 時間、有給取得日数の平均は年間 13 日という状況でした。このような状況を変えていくために、2012 年からさっそくフレックスタイム制や裁量労働制など柔軟な働き方が導入されました。同時に、残業半減運動も開始されました。この取組みは、2012 年 7 月から 9 月にかけて実施され、実施期間直前の 3 カ月と比較し、7 月からの 3 カ月間の残業時間を「半減」させることを目指した運動です。ＳＣＳＫ全体で約 170 ある部署の中で、この年の 4 月〜 6 月の残業が多かった部署 32 部署を選定しました。そのうえで、選ばれた部署には残業削減に向けた仕事の改善策と残業時間の目標を人事部宛てに提出してもらうようにしたそうです。また、有給休暇の取得目標を 90％に定めた取得推進の運動も開始されました[60]。

　様々な取組みを展開した結果、2012 年度の月平均の残業時間は 26.2 時間、有給休暇取得日数の平均は年間 15.3 日となりました[61]。共に好転しているものの成果はそれほど大きいとはいえません。トップがコミットしているにもかかわらず、残業時間削減や有給取得の取組みがうまくいかなかったのはなぜでしょうか。

　実は残業時間削減の取組みそのものは熱心に行われていました。残業半減運動の対象となった 32 の職場の半数程度が目標達成したようです。しかし残業半減運動で削減された残業時間も、期末の繁忙期（年度末の 2013 年 3 月）にはすぐに元の 30 時間弱まで戻ってしまったのでした[62]。

　ここでの気づきは、大きく分けて 2 つあったように思われます。1 つは、業務負荷の分担や顧客対応の体制などといった構造的な要因にも影響があるということです。プロジェクトをきっちり管理できる仕組みの構築や能力の

60　ヒアリング調査にもとづく。

61　ＳＣＳＫ株式会社ＨＰ (https://www.scsk.jp/corp/csr/labor/health.html)

62　日経ＢＰ総研　イノベーションＩＣＴ研究所 (2017)『ＳＣＳＫのシゴト革命』日経ＢＰ社。

育成なしに残業時間削減を成し遂げるのは難しいと考えられました[63]。

　もう1つは、トップに「やれ」といわれて取り組んでいるだけの残業時間削減の取組みではダメだ、ということです。多くの仕事を限られた時間でこなすためには創意工夫が必要です。従業員が主体的に取り組まない限り、残業時間削減に対する創意工夫は生まれません。そのため、従業員が主体的に取り組むような仕掛けが必要だと考えられるようになりました[64]。

5.3.3　スマートワーク・チャレンジ20

　前年度の反省を活かして2013年度から展開されたのが「スマートワーク・チャレンジ20」です。「20」には月平均の残業時間を「20」時間未満にすることと、有給休暇取得日数を100%取得の年間「20」日にするという意味が込められています。前年度の実績からすると高い成果を目指しているようにも見えます。「チャレンジ」と名づけられたゆえんかもしれません。

　2013年度は残念ながらどちらの目標も達成できませんでした。しかし翌年の2014年度には月平均の残業時間が月平均20時間を切るという目標を達成し、その後も持続しています。年間有給休暇取得日数はおよそ19日程度で推移しています。業界全体が直面し、多くの企業で難しいと考えられた残業時間削減の取組みは開始後数年でかなりの程度改善することができました[65]。

　その理由として2012年度の取組みで明らかになった問題点に対して多方面から、かつ、スピーディーに対応策が展開されたことがあげられます。例えば残業時間削減の取組みを進める際に直面する従業員のジレンマの解消です。早い時間に家に帰って休むことができること、余暇を楽しんだり、自己研鑽に時間を費やすことを嫌がる人は少ないでしょう。しかし、実際に仕事

63　日経BP総研　イノベーションICT研究所 (2017)『SCSKのシゴト革命』日経BP社。

64　『日経ビジネス』2015年6月15日号。

65　SCSK株式会社HP (https://www.scsk.jp/corp/csr/labor/health.html)

を早く終わらせようとすると、仕事が終わらなかったり、営業成績が落ちてしまったりする、という現実的な問題に直面することがあります。また残業がなくなることは、残業手当が減ることを意味します。そのため、実際の収入が減ることを懸念する声も現実的には多くありそうです。ＳＣＳＫの取組みでは、こういった従業員が直面する問題、あるいはジレンマに対して一つひとつ丁寧に対策が取られています。以下では代表的な対応策について紹介していきましょう。

①残業時間削減と業績、どちらを重視するのか

　まず短期的に業績が悪化する、という懸念に対しては、経営トップが「たとえ一時的に業績が下がったとしても、必ず将来の発展につながる」という姿勢を打ち出しています[66]。事業継続性の観点から利益の確保は必要ですので、一時的に下がった業績を戻す必要がありますが、短期的な成果の低下を認めてでも、残業時間の削減を目指す、という経営陣の明確な態度によって得られたメリットは２つあると思われます。

　１つ目は現場の優先順位が明確になることです。多くの会社で起こっていることですが「時間は削減しろ、ただし業績は落とすな」という目標設定は混乱を生みます。現場が判断できないほど重大なジレンマこそ経営陣が意思決定することが重要です。

　２つ目は、経営陣の本気度が伝わったことです。短期的には業績を落としてでも、残業時間の削減に取り組むのだ、という姿勢に従業員は本気度を感じ取ったに違いありません。

②狙いは人件費の削減か

　また、残業については、残業代が減ることで浮いた分の人件費を還元する約束をしています[67]。経営陣にそのつもりがなくても、残業時間削減の取組

66　健康保険組合連合会ＨＰ「明日の健保プロジェクト」(https://www.kenporer..com/topics/ashiken-p/company-visits/scsk/)

67　健康保険組合連合会ＨＰ「明日の健保プロジェクト」(https://www.kenporer..com/topics/

みを人件費の削減だと取られてしまっては取組みの意義は半減し、従業員の主体的な参加を促せません。取組みの趣旨を明確にしたうえで、望ましい行動に対してインセンティブをつけたことが重要な役割を果たしたのではないかと考えられます。

③管理職が抱え込めばいいのか

残業時間削減の取組みがある程度進んできたタイミングで問題になるのが、管理職の時間管理です。組織成員の残業時間を減らすように言われた管理職が部下の仕事も丸抱えしてしまう、という問題はしばしば指摘されるところです。ＳＣＳＫでは、こういった問題を防ぐために組織単位の残業時間についても目標値を設定すること、管理監督者も残業時間集計の対象者に含めたうえで、残業時間を 20 時間未満に抑えることで、管理職への負担の偏りを防いでいます[68]。

5.3.4 健康わくわくマイレージ

「スマートワーク・チャレンジ 20」は大変興味深い取組みですが、この取組みだけではウェルビーイング経営の取組みとしてはやや不十分に感じます。確かに労働環境の改善は従業員の病気を予防する重要な取組みではあるものの、従業員の心身の健康増進を通じた成果の向上という側面について取り組まれていないからです。

このような点に関わるＳＣＳＫの取組みとして、2015 年 4 月から導入されている「健康わくわくマイレージ制度」が挙げられます。この制度は健康の維持・増進に資する 5 つの行動習慣（ウォーキング、朝食、休肝日、歯磨き、禁煙）および定期健康診断結果をポイント化するというものです[69]。

---

ashiken-p/company-visits/scsk/)

68 健康保険組合連合会ＨＰ「明日の健保プロジェクト」(https://www.kenporen.com/topics/ashiken-p/company-visits/scsk/)

69 ＳＣＳＫ株式会社ＨＰ (https://www.scsk.jp/corp/csr/labor/health.html)

　ＳＣＳＫの取組みが際立っているのは、取組みに応じてインセンティブを支給する点です。わくわくマイレージに参加して獲得した１年間のポイントに応じて支給されるインセンティブ額が決まり、翌年６月の賞与に反映がされます[70]。

　より具体的に見ていきましょう。健康わくわくマイレージのインセンティブは開始初年度の 2015 年度から 2017 年度まで２層構造で提供されてきました。２層とは、個人の取り組み度合いに応じた個人インセンティブと組織レベルでの取り組み度合いに応じた組織インセンティブです。取組み初年度 2015 年度のインセンティブ原資は１億円、翌年度からは 1.5 億に増額されています[71]。

　注目すべきは参加者の多さと達成者の割合です。まず取組み初年度から 99％の従業員が参加している点が特徴です。これはすでに述べたように経営陣が積極的にコミットし、健康増進活動に取り組むようラインの管理者に強く働きかけているから実現された結果だと思われます[72]。

　次に注目すべきは、開始後３年でインセンティブ獲得する従業員の数が急上昇している点です。初年度は、従業員のほぼ全員が参加してはいるものの高い割合で参加している従業員（すなわちインセンティブを獲得できる水準で参加した従業員）は限定的でした。個人レベルで見れば 3300 名程度、40％強といったところです。一方で 2016 年度には個人レベルで 70％程度の従業員が目標を達成、2017 年度には 75％程度の従業員が目標を達成しています。部門単位でみれば目標達成部門数は 2015 年度の 17 部門から 42 部門、2017 年度は 52 部門と急速に活動が浸透しています[73]。

　このような結果は、トップのコミットだけでは実現できません。トップの要請に応える形で、ラインの管理者が自部門での取組みを推進していくこと

70　ヒアリング調査にもとづく。

71　ヒアリング調査にもとづく。

72　ヒアリング調査にもとづく。

73　ヒアリング調査にもとづく。

に責任を持ったからこそ成し遂げられたといえるでしょう。ＳＣＳＫは経営陣が参加する会議で部門別の業績だけでなく健康増進の活動状況も報告が上がります。そして経営陣が直接（人事部門などがではなく）、取り組み状況が芳しくない部門の管理者に対策をとるよう求めているそうです。また部門別の取り組み状況に対して経営陣が会議内でどのようなコメントを発しているのかは従業員全員が閲覧できるイントラネット上に公開されています。自分たちの取組みをトップがどのようにとらえているのか、についてすべての従業員が把握することができるようになっています[74]。

　このことからＳＣＳＫでは管理者が自らの役割として自部門の業績を高めるために、健康増進を進めることが重要だという会社の考え方を認識していること、さらに、その考えが強く浸透していることで素晴らしい実績が成し遂げられていると考えられます。

5.4　ＳＣＳＫの仮説と論理を読み解く

　さて、ＳＣＳＫの取組みの背後にある仮説や論理とはどのようなものなのでしょうか。ＳＣＳＫの取組みはすでに多岐にわたっており、その取組み全体の論理を端的に表すのは当然難しくなります。しかしその特徴的な部分に注目して筆者なりに読み解いていきたいと思います。

　ＳＣＳＫの一連の取組みでは、はじめに取組みを開始する時点で仕事の負担の重さが従業員のウェルビーイングを低下させており、その結果として、組織の成果も低下しているという関係が想定されたのではないかと考えられます。順番に詳しく見ていきましょう。

　ＳＣＳＫが見出した自社のウェルビーイング課題は労働時間の長さ、すなわち仕事の身体的負担の多さです。仕事の量が多く、労働時間が長くなることが原因で、従業員のウェルビーイングが損なわれているという結果が生まれている、という論理です。

74　ヒアリング調査にもとづく。

　あわせて、ウェルビーイングが低下していることが原因で、組織の成果が下がっているという因果関係も同時に想定されていたと考えられます。ウェルビーイングが低下していることによって、従業員や組織が持っているポテンシャルや能力が十分に発揮されていない、という状態です。仕事をたくさんこなす、ということは本来業績を高めるためにやっているはずですが、仕事が多すぎる状態を長く続けているうちに、従業員は本来の力を十分に発揮できなくなってしまい、かえって業績を落としてしまう、という状況が生じていました。

　こういった状況に対してＳＣＳＫがとった解決策はいってみれば単純です。まず１つ目に、仕事の身体的負担を減らそうというものです。しかしこの単純な解決策を実行することは容易ではありません。現在でこそ、働き方改革やワーク・ライフ・バランスという考え方が浸透してきて、残業時間の削減はよく聞かれるようになってきました。しかしＳＣＳＫが取組みを始めた 2012 年頃にはまだそのような風潮はなかったでしょう。業績を一時的に落としてでも、残業時間を削減するという選択肢が浮かんだこと、そしてその当たり前すぎる取組みに組織一丸となって取り組んだ点は、極めて斬新であったといえるでしょう。

　ＳＣＳＫがとった２つ目の解決策は従業員のウェルビーイングそのものを高めることです。そのためには従業員がウェルビーイングを保つことに対して意識を高く持つこと、リテラシーを高めて活用することが欠かせません。また自己管理能力自体も高めることが期待されます。こういった従業員の能力開発と環境整備を結びつけることでウェルビーイングを向上させていくことが期待されているといえそうです。

　最後にＳＣＳＫから学ぶべきポイントはこの２つの点に着手した順番です。従業員が過度の負担にあえいでいる職場においては、１つ目の点（従業員の負担減）に取り組まない限り２つ目の点（やりがいやウェルビーイング）に関わる施策に取り組んでも効果は期待できません。現状でも、健康経営やウェルビーイング経営に関心を持つ多くの企業が１つ目の手順を飛ばして２

つ目に取り掛かり、短期間で成果を得ようとしているように思われます。従業員が過度の負担に直面して疲弊していないかどうかを検討すること。その結果、必要であれば、まずは負担を減らすことから取り組んでいくこと。そして、それが成し遂げられた後に、やりがいやウェルビーイングを高める取組みへと視点を移していくことが重要だといえるでしょう。

5.5　フジクラの施策を概観する

　2つ目に取り上げる企業は株式会社フジクラです。フジクラは、1885 年に藤倉善八氏によって創業され、電線事業をはじめ、情報通信、電子電装、エネルギーなどの分野で最先端のテクノロジーを提供する企業です。資本金530 億円、売上高 7400 億円（連結、2017 年度）、従業員 58422 名（連結、2018 年 3 月 31 日現在）[75] の大企業です。

　フジクラも、2018 年度の健康経営銘柄に選出されています。銘柄への選出そのものは初めてですが、古くから健康経営に取り組んでいる企業として様々なメディアでも取り上げられてきた企業です。2018 年 2 月に行われた健康経営銘柄の発表イベントのパネルディスカッションにおいても事例報告を担当されており、健康経営の最先端を走る取組みとして改めて注目されています。まずは、第 1 章の健康経営の枠組みをもとにフジクラが取り組む施策について概観していきます。

5.5.1　理念への反映

　フジクラの健康経営の考え方は 2014 年に発表されたフジクラグループ健康経営宣言にて明文化されています。そこには「フジクラグループは、社員の健康を重要な経営資源の 1 つであると捉え、個人の自発的な健康活動に対する積極的な支援と組織的な健康活動の推進で、『お客様からは感謝され、

75　株式会社フジクラＨＰ (http://www.fujikura.co.jp/corporate/profile/index.html)

社会から高く評価され、社員は活き活きと仕事をしている』企業グループを目指します。」とあります [76]。

　経営学では古くからヒト・モノ・カネ・情報を重要な経営資源ととらえてきました [77]。ヒト、すなわち社員を経営資源ととらえること自体はそれほど目新しいものではありません。しかしあえて社員の「健康」へと踏み込んだ記述をしている点が特徴といえるでしょう。

　また健康に対するアプローチとして組織的な活動の推進と合わせて従業員の自発的な健康活動に着眼し、これを（従業員に任せっぱなしにするのではなく）支援することを明示しています。そして、そのような健康活動が経営課題を解決していくために重要であることが宣言されています。フジクラも従業員の健康を最終目標としているわけではなく、あくまで経営目標を実現するための資源であると位置づけられている点に注目することが重要です。

5.5.2　推進体制

　健康経営の推進体制は、人事担当役員のマネジメントのもと、健康経営推進室が取組みを主導しています。フジクラの健康経営の推進体制は毎月開催される健康推進連絡協議会で健保組合、人事部・総務広報部、産業保健スタッフなどの関係部門の代表が議論を行っています。また各カンパニー、事業所、スタッフ部門などの組織の代表者が集まる健康推進委員会や各組織から任命された従業員の代表であるサポーターが集まるサポーター会議を実施し、各組織や、そこで働く従業員を幅広く巻き込んでいく仕組みが構築されています [78]。

76　株式会社フジクラＨＰ (http://www.fujikura.co.jp/csr/social/health_management.html)

77　伊丹敬之・加護野忠男 (2003)『ゼミナール経営学入門（第３版）』日本経済新聞社。

78　経済産業省ＨＰ「2018 健康経営銘柄選定企業紹介レポート」(http://www.meti.go.jp/policy/ mono_info_service/healthcare/kenko_meigara.html)

5.5.3　特徴的な施策

　フジクラの取組みの特徴は、自発性をサポートする環境づくりに集約されています。既存の打ち合わせスペースがコラボレーションの場として捉え直され、雲梯や大きなホワイトボードなどが設置されています。デスクから離れること、環境を変えること、体を動かすことを通じて、新しいコミュニケーションや人脈作りが成し遂げられるスペースになるよう工夫が重ねられています。新しくなったスペースに、人が足を運ぶきっかけづくりのイベントを行うことで利用頻度が高められる工夫も行われているようです。このような取組みを通じて公益社団法人日本ファシリティマネジメント協会が主催する第11回日本ファシリティマネジメント大賞（ＪＦＭＡ賞）において優秀ファシリティマネジメント賞も授与されています[79]。

　このほか、事務職がデスクの前に座りっぱなしになることで生産性が低下してしまうことに対応するための昇降式デスクの導入、立ち作業の導入や一部の事情所内にトレランコースや遊歩道、アスレチック環境の整備を行い、昼休みに散歩する、帰宅前に少し歩いて帰る、といったことがしやすい環境づくりが進められています[80]。

5.5.4　施策の評価と測定

　施策の評価を行うための指標としては多様な指標を用いて検討が続けられています。たとえば検診における有所見率やメタボ対象者数、健康増進プログラムのサイト利用率、イベント利用率などを用いて、活動が成果に結びつくかどうかをチェックしているようです[81]。

　また健康宣言にも用いられた「活き活き」した状態については学術的にワー

79　ヒアリング調査にもとづく。

80　2016年7月29日ＨＨＨの会における講演資料にもとづく。

81　健康いきいき職場づくりフォーラム編川上憲人・守島基博・島津明人・北居明著 (2014)『健康いきいき職場づくり　現場発組織変革のすすめ』生産性出版。

ク・エンゲージメントという概念で定義づけられた状態としてとらえた上で共通理解が浸透しているようです[82]。

5.6　フジクラのプロセスを追体験する

5.6.1　経営課題解決の鍵としての健康への注目

　フジクラが健康経営に注目し始めたのは 2000 年代の後半だとされています。2011 年からの中期経営計画を策定する中で、まず新しい事業領域の創出を重要施策の 1 つであると認識し、次いで、それを可能にする従業員の攻めの姿勢を醸成することが重要であると考えられるようになりました。従業員が安心して挑戦できる素地となる健康に意識が向け始められたということです[83]。

　その結果、2011 年に「ヘルスケア・ソリューショングループ」がコーポレート企画室に配置されました[84]。多くの企業では健康経営の推進部門は人事や総務といった部門の中に設置されることが多いと思います。これに対してフジクラでは経営企画の部門が扱っているという点が特徴です。これは組織図上も経営視点で従業員の健康増進を捉えるということが明確に表れていると理解することができます。

　フジクラの取組みは多岐にわたりますが、緻密なリサーチに基づいて設定された全社的な課題の 1 つが、身体活動量の向上です。生産性向上の最大の阻害要因として身体活動量不足が挙げられることが分かったからです。そして身体活動量を増加させるための代表的な取組みの 1 つが「歩数イベント」です。フジクラの歩数イベントでは、3 カ月間の歩数を競うイベントを実施しており、3 カ月間取組みを続けてもらうことで定着化を図ることと、身体

82　『人材教育』2016 年 2 月号、日本能率協会マネジメントセンター。

83　『人材教育』2016 年 2 月号、日本能率協会マネジメントセンター。

84　『人材教育』2016 年 2 月号、日本能率協会マネジメントセンター。

的な変化を実感してもらうことを企図しているようです。目標を達成した従
業員には、ちょっとした景品などインセンティブも提供して活動を後押しし
ています[85]。

　イベントを開催することは様々な効果が見られます。例えば日々歩数に関
心を持つ従業員の数が増加するきっかけになります。また、すでに歩数に関
心を持っている従業員もこういったイベントを契機に平均歩数を増加させる
ことにもつながるようです[86]。

　なお、フジクラの取組みで興味深いのは、8000 歩から 8500 歩を適正レ
ベルの歩数として設置している点です[87]。一般に私たちは、健康のために歩
数を増やしましょうという掛け声をかける際に、「より多く」ということを
考えがちです。フジクラでは、適正レベルを設定することによって、身体活
動量の増加が職務遂行にもバランスよく方向づけられるような工夫がなされ
ているといえるでしょう。

5.6.2　フィジカルだけでなくメンタルにも

　フジクラの取組みの中では、当初はフィジカル面の健康に対する予防的取
組みが、データヘルスの世間的な動きの中で注目されていました。まず、健
診結果データやレセプト情報データを突き合わせたうえで個人のリスク度合
いを判別していきます。その上で、ハイリスク者には外部の専門事業者と業
務委託し、個別プログラムで対応していきます。また、健康な層にはすでに
述べたように歩数計を用いて歩数を増加させてもらう取組みを展開するとい
うようなことを行いました[88]。

　しかし、フジクラは当初からこれだけでは、健康経営で目指している「活

85　『人材教育』2016 年 2 月号、日本能率協会マネジメントセンター。

86　ヒアリング調査にもとづく。

87　『人材教育』2016 年 2 月号、日本能率協会マネジメントセンター。

88　ヒアリング調査にもとづく。

き活き」に到達しないと考えて、精神面の健康へのアプローチも行っています。そもそも、ポジティブな精神状態を活動のゴールとしているので、精神面の健康、すなわちメンタルヘルスの予防的アプローチに当初から注目しているのは自然な流れだと捉えられます。メンタルヘルスに注目するというと、不調者の復職支援や早期発見・早期対策を思い浮かべる人が多いかもしれませんが、フジクラが特に注目したのはメンタルヘルスの予防的取組みです。すなわちメンタルヘルスの一次予防、ゼロ次予防の対策でした。メンタルヘルスの一次予防とはメンタル不調を未然に防ぐための取組みであり、ゼロ次予防とは一次予防をさらに進める取組みです。不調を起こさない状況を積極的に作り出すだけでなく、よりプラスのメンタルヘルスの実現のために、仕事に対する意欲の活性化や職場の一体感を向上させていくことをいいます[89]。

　すでに述べたように、フジクラでは、自分たちの目指す活き活きを学術的にワーク・エンゲージメントと呼ばれている概念で定義し、ワーク・エンゲージメントが高い状態を目指すことと定めました。フィジカル面への取組みが築いた基盤（ファウンデーション）とメンタルヘルスへの取組みを高度に融合させることで、心身の健康への働きかけ、活き活きの向上にもつながるようになっているともいえるでしょう。

　フジクラのこのような取組みの特徴は、フィジカルとメンタルを合わせて考えるという拡張と共に、「マイナスをゼロにする、からプラスを増やす」取組みへの拡張ともいえます[90]。まさに、本書が提唱するウェルビーイング経営への展開をいち早く志向してきた事例であると考えることができます。

　このような特徴は、フジクラの健康経営の到達目標が経営課題の解決に資することにあったからだと考えることができます。現在直面している課題、

---

[89]　健康いきいき職場づくりフォーラム編川上憲人・守島基博・島津明人・北居明著 (2014)『健康いきいき職場づくり　現場発組織変革のすすめ』生産性出版。

[90]　健康いきいき職場づくりフォーラム編川上憲人・守島基博・島津明人・北居明著 (2014)『健康いきいき職場づくり　現場発組織変革のすすめ』生産性出版。

そして将来自社が直面するであろう課題を解決するためには従業員が健康で活き活きと働くことが必要であるという目標設定なしにこのような発想の転換や取組みの拡張はあり得ません。健康経営を労働安全衛生法に基づく義務の枠組みの中で行うことが自社の到達目標に適合している場合には、無理に取組みの範囲を拡張する必要はないのかもしれません。一方で健康への取組みを組織的な成果に積極的に結実させたいと考える場合には、フィジカル面の健康をメンタル面の健康へ、メンタル面の健康をウェルビーイング、ウェルビーイングの向上を従業員の職場での行動やパフォーマンスに結びつけていくような応用的な取組みと結びつけて実施することも重要になってくると思われます。

5.6.3　個人単位と組織単位

　フジクラの取組みは、取組みの単位という面でも重層的です。個人レベルで活き活きを高めるだけでなく、職場レベルでの活き活きにも目を向けていきます。活動を始める前は、従業員が自身の体調管理を通じながら活き活きを維持増進していくという個人レベルの活き活きが取組みの対象でした。ここからさらに職場レベルでの取組みを通じて職場全体を活性化することへと取組みを展開していきます。

　例えば先に紹介した歩数イベントは 2014 年度からはチーム戦として行っています。これは、活動に比較的消極的な若者を巻き込むことを意図しています。さらに、第一義的なフィジカル面の健康増進に加えてコミュニケーションを増加させたり職場の一体感を醸成したりする活動にさらにゲーム性を付加させることで、幅広い世代でメンタルヘルス予防やウェルビーイングの向上にもつながることがデータでも見られているようです[91]。

　このような取組みの背後にも、フジクラの取組みの背後にある到達目標との関係を見て取ることができます。フジクラでは、これまでの調査の結果を

91　ヒアリング調査にもとづく。

もとに、組織の一体感の高さが高いと、組織の生産性も高まるという相関関係を見出しています。このような結果を踏まえて、歩数イベントを組織の生産性に結びつける方法の1つとして組織の一体感にも注目するようになったのです。組織単位で歩数イベントを展開し、従業員個人を活性化すると同時に、同じチーム内でコミュニケーションをとりながら進めることで一体感を高め、職場の活性化にも結びつけていこうという取組みです[92]。

　このようにフジクラの場合は、フィジカルとメンタル、個人ベースの取組みと職場単位の取組みの相互作用を狙う形で取組みを拡張してきたこと、それによって個人の健康の維持増進だけでなく、個人の活き活き、職場の活き活きにつなげてきた点に特徴がありそうです。

　ただし興味深いのは、フジクラの取組みが自発性をきわめて重視している点です。強制される健康増進活動であれば、いかに頭で「取り組むべきもの」とわかっていたとしてもストレスになります。健康増進活動がストレスになってしまっては、フジクラが目指す「活き活き」につなげることができません。そこでフジクラはあくまで最初は「楽しそう」「面白そう」から始めてもらい、やっていくうちにその意味や価値を感じてもらうことを目指しています[93]。

5.6.4　全体と部分

　またフジクラでは、組織全体の取組みと同時に、部門別や職種別の特定の課題にもフォーカスを当てた特定的な取組みも行っています。

　組織全体で取り組む課題は、1日の運動量（歩数）の低下やコミュニケーション量の低下といった、多くの場合現代社会全体が直面する課題に対する取組みとなります。

　一方でフジクラでは、特定部署の課題に応じた取組みも充実させています。

92　『人材教育』2016年2月号、日本能率協会マネジメントセンター。

93　ヒアリングに調査にもとづく。

様々な健康状態の従業員および職種別・事業所別の従業員のデータの蓄積を行い、本社で働く従業員の場合と地方の事業所では運動機能検査の結果で異なる傾向の結果を見出しています。例えば本社勤務の従業員の場合には体の柔軟性が低い従業員の割合が多く、地方の事業所では足の筋力のスコアが低い従業員が多いという傾向を見出しています。このような違いは働き方や通勤の方法などを含めたライフスタイルの影響も大きいと考えられます。そこで、それぞれの事業所に適した部署ごとの対策が行われています[94]。

またすでに述べたようにメンタルヘルスの観点にも取組みを広げているフジクラでは、2013年に職場づくりフォーラムが主催する研究会に参加し、「健康いきいき職場づくりワークショップ」の活動をスタートさせています。この活動の目的は職場のメンバーがいきいきとした働き方に主体的に取り組む意識を持ち、いきいき職場づくりのための活動を通じて、職場の一体感を高め、効率的な職務遂行を促進することにあります。この取組みでは、それぞれの職場が抱える課題について職場で働く人に参加してもらい、職場を活性化し、一体感を高めていくための具体的なアイディアを出し合い、話し合ったうえで、良いものを職場で実行しています[95]。職場特有の課題に対しては、その職場で働く従業員が最もよく理解していることも多くあります。従業員の問題意識を吸い上げることでより適切な取組みを展開できると考えられます。

5.7　フジクラの仮説と論理を読み解く

フジクラでは大変充実したデータ収集に基づいた課題の抽出とそれらに対応する重層的な取組みがなされています。ＳＣＳＫ同様、取組み全体は非常に多岐にわたり複雑です。ここでは取組みの一例として生産性が低下してい

94　2016年7月29日ＨＨＨの会における講演資料にもとづく。

95　健康いきいき職場づくりフォーラム編川上憲人・守島基博・島津明人・北居明著 (2014)『健康いきいき職場づくり　現場発組織変革のすすめ』生産性出版。

る従業員が健康増進活動を通じて復調し、より生産性高く転換していくプロセスに注目してみたいと思います。

　フジクラでも生産性が低下する従業員が生まれる理由として仕事の負担の大きさに注目しています。仕事が忙しいことで、生活習慣の乱れを招き、生産性が低下する。ここでいう生活習慣の乱れとは、朝食を食べる時間が取れなくなる、睡眠時間が十分にとれなくなる、身体活動量が低下する、といったものです。こういったことが起きると、従業員の生産性が低下し、その結果さらに仕事がまわらなくなり、余計に生活習慣が乱れる、という負のスパイラルが生じると考えられています。

　ここで直接原因となるのは仕事の「忙しさ」ですが、その背後に質的な負担の大きさも想定されています。すなわち、難しい課題に取り組むことによって、ついつい業務時間が長くなる、という関係です。ただし、これは若手の従業員や昇進したての従業員はたびたび直面する問題であり、この問題をすべて取り除くことは不可能です。従業員が難しい仕事に取り組むことを通じて能力を高めていくことは、中長期的に高い成果を出すためにも重要だからです。

　しかしだからといって負のスパイラルに陥っている従業員を放っておいて良いわけでもありません。フジクラでは、負のスパイラルから抜け出させるための対応策としても、健康増進活動の推進に着眼しています。一般に、体を動かして適度な疲労を感じることは、お腹を空かせたり、睡眠をとったりすることに結びつくと考えられます。

　そこで、仕事が大変な従業員にこそ健康増進活動を推進することで、良い休息をとることに繋がり、負のスパイラルから抜け出すことにつながるだろうと考えられています。そしてそういった状態から抜け出した後も、健康な生活習慣を続ければ、さらに心身のコンディションが整い、高い生産性に結びつくという正のサイクルにつながるだろうということも期待されています。

　フジクラから学ぶべきポイントは、健康習慣を取れないことがネガティブ

な影響を引き起こす論理と健康習慣がポジティブな影響を引き起こす論理の双方を整理した上で、両者を切り替えるきっかけとしての身体活動量の増加に注目している点にあります。身体活動量を増加させる働きがどのような状況の従業員に対して、なぜ、よい影響を与えるのかが整理されています。企業によって健康習慣と従業員のパフォーマンスの関係は異なるかもしれませんが、自社の実態に合わせて端的に整理できていること、その上で施策が与える影響について論理が設定されている良い事例だと思われます。

　またフジクラが従業員の負担として忙しさだけではなく、その背後に成長ややりがいを促す困難な経験を見出している点も重要なポイントです。ＳＣＳＫが直面していたように、仕事の負担が過度に大きい状態が長期間持続している場合には、まずそれを取り除くことが先決です。しかしそうでない場合に仕事の負担を減らすとやりがいや従業員の成長機会を奪ってしまう可能性もあります。フジクラのように、短期的には他の方法で従業員のコンディショニングを維持しながら、長期的には能力向上を図り、仕事の負担に対処できる従業員を育成していくことが結果的に従業員のウェルビーイングと組織成果を両立することにつながるという考え方も参考になるでしょう。

5.8　まとめ

　本章では、健康経営の先進企業として名高いＳＣＳＫとフジクラの２社を取り上げました。事例を紹介することで、３大問題のうちの１つ目の問題はクリアできたのではないでしょうか。次章では、２つの事例の共通点と異なる点に注目し、より具体的な２つ目、３つ目の問題に対する示唆を明らかにしていきたいと思います。

第6章	実践に移る前に

　第5章では、ＳＣＳＫとフジクラという2つの先進事例を取り上げました。健康経営の世界で共に素晴らしい成果を残してきた2つの事例ですが、詳しく見ていくことで、いくつかの共通点が見いだされました。またウェルビーイング経営を導入するという観点からは、いくつかの点において異なる点も見られるようです。本章では、2つの事例の共通点と異なる点を整理します。その上でウェルビーイング経営を実践しようとする企業が事前に検討するべきポイントについて整理していきます。

6.1　先進事例の共通点

　ＳＣＳＫとフジクラには3つの点で共通点が見られました。以下では、その3つについて順に説明していきたいと思います。

共通点①：トップがコミットする

　2つの企業に共通するポイントの1つ目は、ウェルビーイング経営に経営陣がコミットしているという点でした。ウェルビーイング経営はマネジメントのありように関わる考え方です。経営陣が従業員ウェルビーイングを重要だと考えていないのに、ウェルビーイング経営を実践することは不可能です。従業員がウェルビーイング経営の重要性を理解し、その上で取組みを実施していくことが重要です。もちろん、トップがウェルビーイング経営にコミットするだけでウェルビーイング経営がうまくいくわけではありません。しかしトップのコミットなしにウェルビーイング経営が成功することは（仮に単発の施策が成功することはあったとしても）、ほとんどないといえるでしょ

う。

共通点②：健康習慣の促進・育成

　2つ目のポイントとして、身体活動量の増加を含む健康習慣の実践に取り組んでいるという共通点が見られました。より具体的な取組みとしては1日当たりの歩数を増やす活動に取り組んでいる点です。これはデスクワークに従事する従業員が増えたことで、組織内の多くの従業員が直面するようになった共通課題だからだと考えることできるでしょう。このような問題は、多くの会社や組織も直面していると考えられます。

　また身体活動量を増やす取組みは、適度な睡眠や食事を促すためのトリガーとしても注目されています。身体活動量の増加をきっかけに一連の健康習慣を続けることは、肉体的な健康だけでなく精神面の健康にも良い影響を及ぼすと考えられているようです。

共通点③：チーム単位の取組み

　3つ目のポイントとして、上述の健康増進の活動を、チーム単位で取り組んでいるという共通点が見られました。これは従業員ウェルビーイングに関わるもう1つの健康課題であるコミュニケーション不足と大きく関係しています。組織内や職場内でコミュニケーションが減った理由は組織によって様々でしょう。例えば、仕事の高度化・専門化の影響かもしれません。あるいは、個人業績を重視するマネジメントが浸透したことに起因するかもしれません。また、従業員の属性や雇用形態が多様化したからかもしれません。これらは一つひとつは組織を良くするために生じてきた変化ともいえますが、その結果として職場内でのコミュニケーションが不足したり、職場の一体感が失われるという状況が生じていることも多いようです。

　こういった背景に基づいて、2つの企業では組織全体の課題を解決して、ウェルビーイングを向上させるために、チーム単位の取組みに注目していることがわかりました。

共通点のまとめ

ここまで述べてきたように、2つの事例の共通点は、①ウェルビーイング経営にトップおよび経営陣がコミットし、積極的に推進していること、②具体的な取組みの内容の1つとして健康習慣の推進が取り組まれていること、③その取組みがチーム単位で取り組まれていること、が明らかになりました。

ウェルビーイング経営の特徴の1つは、現時点では病気ではない健康層を巻き込んで健康の維持増進・ウェルビーイングの向上を促していくことでした。その具体的な取組みについて、経営陣がコミットする形で健康習慣の実践をチーム単位で取り組む施策がとられているということがわかりました。ウェルビーイング経営の事例がなく、何をしていいのやら見当もつかないという担当者がポピュレーションアプローチの具体的施策を検討する際の良い見本となるでしょう。

6.2　先進事例間で異なる点

ＳＣＳＫとフジクラには共通点と共にやや異なる捉え方や位置づけを行っている点も見られました。以下では、その2つについて順に説明していきたいと思います。

異なる点①：スループットの捉え方

2つの事例間で異なるポイントの1つ目は、ウェルビーイング経営が組織の業績に結びつくまでのスループットの置き方です。3大問題の2つ目の問題に関わるポイントともいえるでしょう。しかしこの違いについて説明するにあたっては、まずは両社に共通する施策と成果の間の論理について説明しなければなりません。

ウェルビーイング経営の各施策は組織業績を高めることに結実することが理想です。しかし施策に取り組むこととそれが成果に結びつくまでの間にはそれなりのタイムラグがあるのが普通でしょう。また施策によって引き起こ

された変化が業績に結びつくまでには様々な要因によって媒介される必要があります。

　このようなタイムラグや様々な媒介要因を介することによって、両者の関係性は不明瞭にならざるを得ません。それは、直接関係のない様々な要因の影響（例えば景気の変動や不祥事の有無、経営陣の交代や他社の新商品発売の動向など）を強く受けざるを得ないからです。正直に申し上げて、１つの健康増進施策と組織業績の間の（とりわけ因果）関係を実証することは極めて難しいといわざるを得ません。ウェルビーイング経営を標榜し、健康増進施策に取り組みはじめたからといって、その影響だけで組織の業績が突然向上するということはあり得ません。ＳＣＳＫもフジクラも、ウェルビーイング経営に乗り出して以降業績が良くなっていることは確かですが、それはウェルビーイング経営だけのおかげ、とは言い切れませんし、むしろその他の多くの要因の影響を伴った複合的な結果であると考える方が自然だと思われます。ウェルビーイング経営と生産性、とりわけ組織レベルの業績の関係にはこのような悩ましい問題がつきまといます。

　ただしこのような主張と同時にすぐに強調したいのは、だからといってウェルビーイング向上のための施策を「やりっぱなし」にしてよい、ということではない、ということです。ウェルビーイング経営は健康経営と同様に、費用対効果を考慮しながらＰＤＣＡを回して実践されるべきです。では、ウェルビーイング経営の成果をどのようにとらえ、いかにＰＤＣＡを回していくべきなのでしょうか。

　ここでは、経営学の人的資源管理論あるいは人材マネジメント論の考え方に基づいて整理したいと思います。人的資源管理論あるいは人材マネジメントの研究領域では、人事施策の成果はまず個人レベルや集団レベルの行動や態度に影響を与えると考えてきました。そして、その結果として最終的に組織全体の業績へと結実すると考えてきました。人的資源管理論のこれまでの膨大な研究蓄積は、人事施策と業績の関係性について、上記のような仮定の下で様々な実証的な知見を提供してきたといえます。

　話を戻しましょう。ウェルビーイング経営の先進企業の２社は、人的資源管理論が蓄積してきたエビデンスと同様の仮定の下に、ウェルビーイング向上の施策が組織業績に結びつくまでのロジックを構築していました。そしてその際に重視するのが、スループットの存在です。

　先進企業の２社では施策と業績を媒介もしくは仲介する要因としてスループットを想定していました。そして、そのスループットに何を想定するのかについて自社なりの工夫を凝らしていました。ＳＣＳＫは「働きやすさや働きがい」という言葉を使い、施策の影響を捉えていました。一方フジクラは「活き活き」という言葉を用いていました。これらは大きな意味では似通ったものかもしれません。しかし、それぞれの企業が独自に意味を込めて用いるという意味でその違いに注目することが重要です。そして、ここで設定した言葉や概念に基づいてそれぞれの組織で成果が測定されつつあるようでした。

　ＳＣＳＫは 2017 年より、働きやすさとやりがいを区別して、より特定的に組織内の変化を把握しようとしています。フジクラは、活き活きを学術的に定義されるワーク・エンゲージメントとして捉えています。そして必要な場合には具体的な事業所におけるある時期の施策におけるワーク・エンゲージメントの変化などを測定する試みもされているようです。

　このように施策を通じて従業員にどのような状態になってもらうのか、きっちりと議論し、共有していくことが重要だといえます。

異なる点②：従業員の巻き込み方

　２つの事例間で異なるポイントの２つ目は、施策に対する従業員の巻き込み方の違いです。これは３大問題の３つ目の問題と関わるポイントといえそうです。

　どちらの会社でも、従業員が施策に参加するような創意工夫を行っていました。しかし、その促し「方」あるいはスタイルという面では大きな違いがある、という点に注目したいと思います。改めて２つの事例を振り返ってみましょう。

　ＳＣＳＫでは、ラインの管理者に経営陣が強く働きかけることを通じて健康増進活動への取組みを推進すると同時に金銭的なインセンティブをしっかり提示して活動を後押ししてきました。そのため、取組み初年度からほとんどの従業員が活動に参加し、早い段階で目標達成する従業員を一定数まで押しあげることに成功しました。

　これに対してフジクラでは、取組みに参加するかどうかはあくまで従業員の自発性に任せられています。取組みに参加した従業員に対するインセンティブもあくまで「ちょっとしたご褒美」という位置づけであり、健康増進活動そのものに対する興味や関心を原動力に活動してもらうこと、健康増進活動を強いることによって従業員の活き活きを損なわない範囲内で取組みを組織内に浸透させていくというスタンスを取っています。そのため活動に対する参加者の増え方はゆっくりで、急激な増加ではありません。イベントの開催方法の工夫などを通じて徐々に、しかし確実に増加へと転じています。

　このように従業員を組織に巻き込むにあたってＳＣＳＫは積極的に関与しているといえるでしょう。一方フジクラは間接的に関与しているとも言い換えられるかもしれません。参加したいと思ってもらえるように、あるいは参加したいと思った従業員が参加しやすいように、取り組んでいます。

　この促し「方」に正解はありません。どのような促し方を目指すべきなのかについてはウェルビーイング経営で成し遂げるべき目標や取り組む理由、現在の状況によって異なるからです。例えば現在の労働条件が極めて過酷で、多くの従業員が過度に疲弊しているという場合には、スピーディーに労働条件を改善し、健康習慣を立て直してもらう積極的な介入が必要かもしれません。事態がそれほど切迫しているのではなく、むしろ従業員の自発性を促すことで継続的な取組みを促していく方が効果的であるということであれば、普及までの時間軸は長めに取りながら、間接的なマネジメントを行っていくことが有効かもしれません。

　このように、巻き込み方を考えることは、従業員を巻き込んでいく時間幅、もっといえば様々なスループットに変化が生じるまでの時間幅を考えること

とも関係してきます。どのような方法で、どのように普及させていくのかについても自社に適した方法を検討し、関連部署と共有していくことが重要でしょう。

異なる点のまとめ

　ＳＣＳＫとフジクラは共にウェルビーイング経営の先進事例として位置付けられ、類似の施策について熱心に取り組んでいるようです。しかし、その背後の論理や考え方には大きな違いがあることがわかりました。ウェルビーイング経営を導入しようとする企業は、施策の中身だけでなく、その取り組み方の違いについて学び、検討すべきポイントとして取り入れる必要があります。取り組み方の背後にはそれぞれの企業が想定している成果までの論理やシナリオがあります。これらを取り入れることが自社のウェルビーイング経営に適しているのかどうかについてしっかりと検討する必要があります。

　具体的には、施策がもたらすスループットとして従業員がどのような状態になることを目指すのか、自社なりの目標を言葉にする必要がありそうです。

　また、施策を浸透させるまでに想定する時間幅についても明示的に議論することが重要です。この点と関連して、目指すべき状態を実現するプロセスで従業員の主体性をどの程度重視するのかについても、自社としてのスタンスを決めていく必要があるでしょう。このスタンスは、現在の自社の従業員が直面している状況をある程度把握した上で決定していくことが有効だと思われます。

6.3　先進事例から学ぶべきポイントとは

　本書の第Ⅱ部では、ウェルビーイング経営の先進事例といえる２社の事例から学んできました。先進事例からの学びを踏まえると、推進担当者がウェルビーイング経営を導入する際に事前に検討すべきポイントは少なくとも５つあるように思われます。改めてリストすると図表６－１のようになります

（なお、この5つは、必ずしも順番に検討する必要はなく、どれかを検討している間に別の論点が明確になってくるなどといった順不同の関係にありそうです）。

【図表6−1　推進担当者が検討すべきポイント】

①トップのコミットメントは得られるか（施策の背景）

②何に取り組むのか（施策の中身）

③どのように取り組むのか（施策の取り組む方法）

④施策の成果をどのように捉えるのか（施策の成果・スループット）

⑤施策に従業員をいかに巻き込むのか（施策の成果までの時間幅）

　まずトップのコミットメントが得られるかどうかを検討すべきです。トップのコミットメントについては、健康経営やダイバーシティなど様々な論点において強調されてきたポイントでしょう。ウェルビーイング経営を成功させるためには例外なく、トップのコミットメントが不可欠だと考えられます。

　会社によっては、トップ自身が人材のウェルビーイングの問題に関心を持ち、自らイニシアティブをとってくれるというケースもあるかもしれません。

　トップがウェルビーイング経営の重要性に気づいていないにもかかわらず自社で推進しようとする場合には、とりわけ推進担当者のスキルが非常に問われることになるでしょう（第11章をご参照ください）。またその際により重要なのは、自社の経営課題の解決に従業員のウェルビーイングの問題がどのように寄与するのか、という施策に取り組む背景をいかに説得的に語られるか、ということになるでしょう。

　2番目、3番目のポイントとして、何の施策を、どのように展開するのか、について検討する必要があります。第Ⅱ部の先進事例として、本書ではポピュレーションアプローチの代表的施策として健康習慣を推進する取組み

を、チーム単位で、取り組むことに注目していきます。ウェルビーイング経営に乗り出す際の第一歩を探している担当者にとっては、まずこの取組み内容と方法を参考にすることは有益だと思います。

　4番目、5番目のポイントは、先進事例の間で違う点も見られたポイントです。4番目は、施策の成果をどのようにとらえるのかというポイントです。特に最終成果とは別に、スループットに注目し、自社なりのチェックポイントを設定する必要があります。このチェックポイントの1つとしてウェルビーイングが想定されますが、自社の中でどのようなウェルビーイングを目指すのか、腹落ちする言葉に落とし込む必要があるでしょう。第Ⅱ部で取り上げた2社でも少し異なった言葉や概念を用いながら、それぞれの社内で共通理解を進めていることが明らかになりました。

　最後の5番目は、従業員をいかに巻き込んでいくのか、について検討すべきです。この巻き込み方は、施策を組織に浸透させ、ある種の中間成果に到達するまでの時間幅をどの程度に設定するのかという問題とも関係します。第Ⅱ部で取り上げた2つの企業はこの点において、大きく異なるアプローチを用いていました。

　さて、第Ⅱ部のまとめとして5つのポイントを整理しました。5つのポイントのうち、最初の3つのポイントについては、先進事例の共通点であり、残りの2つを異なる点として紹介してきました。このうち本書では後者の4つ目と5つ目の異なる点に注目して記述してきたつもりです。通常の人事の研究会では、1つ目から3つ目くらいまでに注目が集まり、4つ目や5つ目のポイントにスポットが当たることはそれほどないように思います。なぜなのでしょうか。

　その理由は色々あるのだと思いますが、1つは、4つ目のポイントや5つ目のポイントは、施策として外部から見えづらいからかもしれません。事例としての斬新さや新規性も出しづらいポイントともいえるでしょう。前半3つのような「見えやすい仕組み」に対して「見えない仕組み」と呼べるかもしれません。ただし本書で強調してきたように、試行錯誤を繰り返しながら

施策を成功に導いた企業には、明確な自社なりの「見えない仕組み」があるものです。この見えない部分を無視することは危険です。

　またこの「見えない仕組み」は、まねすることが困難なことも多いという理由も考えられます。それは、仕組みが「見えない」からだけでなく、組織の特性や風土、歴史的経緯からその仕組みが適するかどうかが大きく変わってくるからです。確かに、他社に適した成果指標が自社には合わないということはあり得ます。また、先進事例でうまくいった巻き込み方が自社では大きな反発を招いた、ということも大いにあり得そうです。

　しかし自社でウェルビーイング経営を導入しようとする推進担当者は「だから見えない仕組みを無視する」のではなく、「だからこそ見えない仕組みについて他者から学び、他者と議論し、自社のスタンスを明確にする」必要があるのだと思います。本書の第4章でも述べたように、表層的な真似は悪い真似に陥る可能性があります。

6.4　まとめ

　本章のまとめです。ウェルビーイング経営を成功に導くために「見えない仕組み」も忘れずに学び、自社への応用を検討してみてはいかがでしょうか。ただし、いくら先進事例を参照したとしても自社内だけでは、これらのポイントについて検討するのは難しいかもしれません。特に「見えない仕組み」については、様々な考え方やそれぞれのメリット・デメリットもありそうです。本書の第Ⅲ部では、これらの点について企業の枠を超えて検討した研究会における実践を記述しながら、ウェルビーイング経営の始め方について紹介していきます。

第Ⅲ部

実践編 ウェルビーイング経営を
どのように始めればよいのか

　第Ⅲ部では、ウェルビーイング経営を開始しようとする企業の実践例を紹介していきます。また新しくウェルビーイング経営に取り組む企業が、第6章で紹介した5つのポイントについてどのような立場をとったのかにも注目しながら紹介していきます。

　第Ⅲ部の冒頭の第7章では、ウェルビーイング経営を実践しようとする企業が集まって開催した「ＨＨＨの会」という研究会について紹介していきます。

　第8章と第9章では、ＨＨＨの会での検討を踏まえながらウェルビーイング経営の実践に取り組んだ2つの組織の事例を紹介し、その取り組み状況や成果について紹介していきます。

<table>
<tr><td>第7章</td><td>ウェルビーイング経営を始める</td></tr>
</table>

　第7章では、ＨＨＨの会の取組みとこの研究会における学びについて紹介していきます。この研究会の位置づけとそこでの議論は、第Ⅱ部で紹介した「ウェルビーイング経営を実践しようとする推進担当者が検討すべきポイント」の実践編ともいえるからです。

7.1　実践的研究会を通して始める：ＨＨＨの会とは

　従来の健康経営の枠組みを超えて、ウェルビーイング経営に一歩踏み出すためにはどのようなことを推進部門で議論し、取り組んでいく必要があるのでしょうか。先に示した5つのポイントを大まかに踏まえながら進められた研究会がＨＨＨの会です。以下ではＨＨＨの会の概要について説明していきます。

7.1.1　ＨＨＨの会の概要

　ＨＨＨの会は、健康増進施策をモチベーションや企業の生産性の向上に結びつける取組みに関する研究会で、2016年4月から2017年3月の単年事業として開催されました。当初は名前がついていませんでしたが、座長の神戸大学大学院経営学研究科教授の金井壽宏先生の発案でＨＨＨの会と名付けられました。Health（健康施策）× Human（従業員）＝ Happinesst（企業と従業員の幸福）を示す頭文字をとったもので、企業が健康増進施策を推進することを通じて従業員の活き活きとした自発的な行動を生み出し、双方にとっての幸福を目指すという想いが込められています。

　発起企業としてカルビー株式会社、株式会社ルネサンス、ロート製薬株式会社の３社が名を連ね、合計 17 の企業と組織が参加しました。健康経営の提唱者であるＮＰＯ法人健康経営研究会理事長岡田邦夫先生と神戸大学名誉教授で甲南大学特別招聘教授の加護野忠男先生にもオブザーバーとしてご参加いただき貴重なご助言をいただきました。なおこの会は長らく関西を拠点に活動してきた一般社団法人 人と組織の活性化研究会の分科会としてサポートを受けつつ活動することになりました[96]。

　ＨＨＨの会の特徴は２つあります。１つ目は、各社が共通の施策を自社に導入する点です。共通の実践に取り組むことを念頭に、導入方法や運用方法について学びあいます。健康経営の研究会はたくさんあり、それぞれの研究会で熱心な取組みがされています。しかしその多くは先進事例を共有したり、それぞれの参加企業が独自の取組みを紹介する方式で行われています。ＨＨＨの会では、各社で同じ施策を導入した上で知見を交換することを目的としました。

　そのため、研究会への出席者は自社における健康経営の導入にコミットする経営陣か経営陣から委託を受けた推進担当者です。第Ⅱ部で述べたように、ウェルビーイング経営の推進に経営陣のコミットメントは欠かせません。ＨＨＨの会では、この点について、既にクリアした企業が集まって、２つ目以降のポイントについて考えはじめてみましょう、という位置づけの研究会ともいえます。

　２つ目は、ポピュレーションアプローチを通じてウェルビーイングを高めようとする点です。これまで健康経営のメインストリームでは、ハイリスクアプローチを重視してきました。一方第５章で紹介したとおり、健康経営に取り組む企業の最先端の問題意識は、健康増進施策をいかに健康層に拡張していくのか、健康増進を生産性に結びつけるための取組みをいかに展開していくのか、にあることがわかりました。またそのためにチームアプローチを

96　参加者の役職はすべて当時のもの。

採用した健康習慣の推進活動を取り入れていることが多いこともわかってきました。本研究会では、チームアプローチによる健康増進を通じて生産性を高めることを説明するキーワードとしてウェルビーイングを想定することにしました。なお後述するようにHHHの会では、ウェルビーイングそのものを単一の尺度で測定することはせず、アメリカ心理学会による心理的健康職場の枠組みに依拠しながら、ワーク・モチベーションや組織コミットメントといったいくつかの変数で捉えていくこととしています。共通施策に取り組むことを前提に設定したうえで、もっとも重要なポイントである4番目と5番目のポイント、すなわち「見えない仕組み」について他社との比較の中で議論することを目的としています。

7.1.2　HHHの会のスケジュール

　研究会は、公開シンポジウムの形で実施した第1回会合に続き1年間をかけて全4回開催しました。また1年間の活動終了後に、再び公開形式のシンポジウムを実施し、1年間の活動を終えています。1年間の研究会に参加することで共通施策の実施計画の作成から実施、効果測定と振り返りまでを行えるように計画されています（図表7－1を参照のこと）。

【図表7－1　HHHの会のスケジュールと毎回のトピック】

HHHの会開催スケジュール		
第1回会合（公開）	2016年3月 9日	発足記念フォーラム
第2回会合	2016年4月22日	実施計画の策定に向けて
第3回会合	2016年7月29日	施策を展開するにあたっての課題と対策
第4回会合	2017年3月 9日	施策の結果を踏まえた振り返り

　第 1 回会合では、健康経営という考え方やそれを取り巻く状況を理解することを目的とし、合計 4 名の有識者にご登壇いただきました。まずは、岡田先生にご登壇いただき健康経営という考え方そのものを解説していただきました。次に経済産業省商務情報政策局ヘルスケア産業課総括補佐梶川文博氏に健康経営の意義についてプレゼンテーションしていただきました。そしてパネルディスカッションでは、健康経営に先進的に取り組んできた企業の経営陣としてロート製薬株式会社代表取締役会長兼ＣＥＯの山田邦雄氏と株式会社ルネサンス常務取締役執行役員ヘルスケア事業担当の高崎尚樹氏にもご登壇いただき、企業が健康経営に取り組む際の意義やジレンマについて闊達な議論が交わされました[97]。

　第 2 回会合から第 4 回会合は各参加企業のみが参加できるクローズドな研究会形式で実施しました。各回は自社内での取組みの実施計画の作成に向けての検討および共有（第 2 回会合）、施策を展開するにあたっての課題と対策の検討および共有（第 3 回会合）、施策の結果を踏まえた振り返り（第 4 回会合）と施策のＰＤＣＡを回す節目のタイミングに関連させて開催しています。これから取組みを始めようと思うけれども、何をしてよいかわからない、という担当者のマイルストーンになるように設計しています。

　第 2 回会合から第 4 回会合では、参加企業間のグループワークに多くの時間を割いています。例えば第 2 回会合ではどのような従業員像を目指すのか、といった取組みの方向性に関わる基本的な議論を、第 3 回会合では共通施策を実施する際に誰を対象者として選ぶのか、どうやって選ぶのかといった実際のオペレーション上の悩みを、最終回では実施段階や実施状況を踏まえた悩みや次回に向けての chips を共有するグループワークを実施しました。また第 3 回会合では本書の第Ⅱ部でもご紹介した株式会社フジクラの浅野健一郎様にご登壇いただき先進事例の共有を行っていただきました。

97　登壇者の所属および肩書はすべて当時のもの。

7.1.3 参加企業や取組みの多様性

すでに述べたように健康経営やウェルビーイング経営は大企業だけの問題ではありません。むしろこれから取組みを始めるという意味では中小企業の方が多いかもしれません。規模の違いを超えて、何を目的にどのような取組みを仕掛けていくのか、を議論する上では、参加企業が持ち込む様々な多様性が良い材料になることがあります。

ＨＨＨの会でも参加企業の規模は様々でした。発起企業のような大企業だけでなく、決して規模は大きくない企業や営利企業以外の組織も参画している点も興味深い点です。第８章で紹介していくＪＴＢベネフィットは全社員で200名程度の規模の会社です。中小規模の会社で実施する際の参考になるかもしれません。また同じく第８章で紹介する組織として、鎌倉市役所があげられます。鎌倉市役所での事例を通じて地方自治体におけるウェルビーイング経営についても紹介していきます。企業で働く従業員と市役所で働く職員では置かれている環境が異なる部分もありますが、ＨＨＨの会では共通施策に取り組んでいただき、共に高い参加率を得ることになりました。

また現在までの取り組み状況にも多様性がありました。ロート製薬やルネサンスは早くから健康経営に取り組んできた企業ですが、カルビーはこれから本格的に健康経営に取り組み始めようというタイミングでの参加でした。他の多くの企業もこれから健康施策について考え始めるタイミングでの参加でした。

最後に、共通施策ではあるものの導入方法や導入する規模については幅を持たせました。これらの点が、第Ⅱ部で提唱した検討すべき５つのポイントのうち第４の点と第５の点に対応するからです。ＨＨＨ会での検討を踏まえて、自社でどのような展開をするのか、今回の取組みをどのような位置づけとするのかについて自社に適する形で検討していただき、取り組んでいただくことが目的だからです。

例えばＪＴＢベネフィットは全社員で取り組むという極めて挑戦的な取組

みになりました。ロート製薬も営業職を対象に大規模な取組みを実施しています。一方、カルビーやルネサンス、鎌倉市役所など多くの参加企業は、パイロット調査としての小規模の取組みから開始しています。自社の中で今回の取組みがどの程度有効なのか、どの程度フィットするのかといった健康課題やウェルビーイング経営を推進する上での課題を探るための取組みともいえそうです。

　各企業の取り組み方の違いは、当然のことながら取り組み状況の結果や成果にも影響します。そのためHHHの会全体としての成果も重要ですが、それ以上に各企業それぞれの取り組み方や狙いと関連した結果の解釈が重要となってきます。そのため次章では具体的な2つの組織を取り上げ、どのような目的、どのような対象に、どのようなプロセスでどのような成果を得ていったのか、についても紐解いていきます。

7.2　共通施策の概要

　HHHの会の参画企業では、共通施策とその取組みを評価するための質問票調査を実施し、成果を共有しました。図表7－2をご覧ください。共通施策を100日間実施しますが、その前後に事前調査と事後調査を実施しています。

【図表7－2　リサーチデザイン】

事前調査
プロフィール
従業員ウェルビーイング
業績
など

健康増進施策
（100日）

事後調査
参加状況
従業員ウェルビーイング
業績
など

7月　　　　　　　　　　　　　　　　　　　　11月

　共通施策は株式会社 Be&Do 社が提供する商業用サービス（Habi＊do）を用いています。Habi＊do は、個々人が設定した健康習慣の実施状況を5〜7人程度のチーム内で共有し、競い合ったり励まし合ったりしながら100日の間、実践するものです。実践するとポイントを獲得することができ、メンバーのポイント獲得数の合計をチーム対抗で競い合う、という形式になっています。

　ポイントは、自分で決めた健康習慣の実施によって与えられます。また自分が健康習慣を実施することだけでなく他者の健康習慣に対して励ますことやコミュニケーションを取ることに対してもポイントが与えられる仕組みです。自分で設定した健康習慣を着実に実行するだけでなく、チーム内でコミュニケーションを取りながらチーム全体の活動量、コミュニケーション量を高めていくように工夫されています。ただし詳しいポイント獲得方法は公開されていません。参加者は、あたかもゲームを解くように、ポイントを効果的に獲得する方法を健康習慣を実践しながら解き明かしていく必要があります。

　今回の取組みの成果を理解するためにも、共通施策の Habi＊do の特徴についてもう少し詳しく説明していきましょう。

　まず1つは、基本単位が従業員個人の単位であることです。従業員一人ひとりが自分の生活を振り返りながら必要な習慣を目標として設定し、それを実行し、記録するという一連のプロセスです。自己目標を設定し、その目標を遂行するように自己調整を行なっていくプロセスを経営学ではセルフマネジメントと呼びます。Habi＊do はセルフマネジメントの支援ツールをウェルビーイング経営に応用していると考えることもできるでしょう。

　2つ目の特徴は、チーム対抗戦の形式をとっていることです。個人を基本単位としつつも、それぞれの目標設定の遂行をチームメンバー間で相互に支援するためにチーム単位でポイントを競うという方法が取り入れられています。このことによって健康習慣の実施が単なる個人レベルの取組みではなく、相互に影響を与えあうチーム単位の取組みとして実施されるように工夫され

ています。先に触れたようにチーム内のメンバーから得られる様々な叱咤激励が行動を続ける意欲の源泉になりますし、チーム間の競争意識も行動を継続する意欲を喚起する源泉になるように工夫されています。

第 3 の特徴は、健康的な生活習慣への取組みを純粋な健康増進／ウェルビーイング向上に対する意欲だけに頼らない仕組みになっている点にあります。他者と競争すること、仲間からある意味では「見張られている」こと、ポイントを獲得する効果的な方法を解き明かしていくこと、など様々な種類の意欲を刺激してＳＮＳへの参加を促す仕組みになっています。

参加人数や参加チーム数は各社によって異なりますが、例えば第Ⅲ部で説明していくＪＴＢベネフィットでは、全正社員 199 名が約 40 のチームに分かれて 100 日間のプロジェクトを実施しています。一方、鎌倉市役所では 106 名が 15 チームに別れてプロジェクトを実施しています。

7.3　共通質問票の概要

ＨＨＨの会では、取組みの効果を科学的に検証するために施策の実施前後で質問票調査を実施しました。質問票は施策参加者の (1) プロフィールや事前の運動習慣、(2) 仕事の負担感や周囲からのサポート、(3) 従業員ウェルビーイング、(4) 主観的業績、に関する質問項目で構成されています。今回は基本的にすべての参加企業で共通の質問票を用いていますが、鎌倉市役所では、すでに把握されている健康課題に合わせた独自項目を加えた上で実施しています。

以下ではＨＨＨの会で用いた質問票の一部について、いくつかの具体的な項目と共に紹介していきましょう。本調査の質問項目については出所を記載しています。皆さんの会社で独自に実施される際には、自社での施策の展開度合いや健康課題・ウェルビーイング課題の把握度合いに合わせて質問票の設計を工夫されるとよいでしょう。もし課題が十分に把握されておらず、施策を展開する方向性を検討されるプロセスであるならば、本調査の質問票のような形でより広く網を掛けるようなアプローチがよいでしょう。

7.3.1　プロフィール要因

　まずプロフィールとして、従業員の年齢や職種、普段の健康習慣などを質問しました。これは事前に若年層を健康増進活動に取り込むのが難しいという問題意識が参加企業から聞かれたことや、営業職と本社スタッフなどの職種によって参加状況が異なることが予想されたためです。また本施策の問題意識は、幅広い従業員を巻き込んでいくことにあります。もともと健康に対して意識が高く、日ごろから運動を生活に取り入れているような人だけが集まっていたり、そういった人だけの参加率が高い施策になってしまったりしていては目的が達成できません。プロフィール別の参加状況や効果を把握する目的で設定しています。

7.3.2　従業員ウェルビーイング [98]

　次に、従業員ウェルビーイングに関する質問です。ＨＨＨの会では、ウェルビーイングを直接測定しようとはせず、仕事や職場に対する従業員の態度を間接的かつ多面的に測定しようとしています。具体的に測定した項目は以下のとおりです。

①健康への意識
　施策を通じた健康への意識の変化を測定しています。すでに述べたように100日プロジェクトで従業員が設定する健康習慣の目標はそれぞれです。それぞれの関心とレベルに応じた目標を設定できるメリットがありますが、一方で具体的な健康行動の達成度を一律的に把握することは難しくなってしまいます。そこでＨＨＨの会では、プロジェクトへの参加度と健康に対して意識する機会の変化について質問することにしました。プロジェクトへの参加度は、プロジェクト期間中どの程度の頻度でＳＮＳにアクセスしたかについて質問をしています。また健康に対して意識する機会が増加したかどうか

98　本章で記述していない質問項目については参考文献を参照のこと。

についてはプロジェクト参加前と後を比較する形で質問をしました。このほか運動する機会が増加したかどうかについても質問をしています。すでに述べたように 100 日プロジェクトでは参加者に自由に行動目標を設定してもらっています。そのため、各人の目標は必ずしも運動量を増加させることではありません。ただ健康増進活動でしばしば用いられる目標の 1 つとして運動量や身体活動量の増加があげられるため、参考指標として測定を行っています。

②ワーク・モチベーション

　次に、従業員ウェルビーイングの要素としてモチベーションを測定しています。モチベーションには多様な考え方や測定方法がありますが、ＨＨＨの会では私が九州大学の池田浩先生と共同で開発したワーク・モチベーション尺度[99]の短縮版を使っています。

　上記の尺度を利用した理由は最新のモチベーション研究の考え方に沿って測定するためです。実は、モチベーションは古くから様々な知見が蓄積されてきた研究領域ではありますが、意外なことに定番と呼ばれる尺度は存在しません。皆さんの会社でもモチベーションサーベイを外部企業に依頼していることがあるかもしれませんが、それぞれの会社が独自に開発した尺度であることがほとんどです。今回用いた尺度の特徴と種類を紹介していきます。

やる気を多次元で捉える　多くのモチベーションサーベイでは、モチベーションの強さのみを測定することが多いようです。これは言い換えれば目標達成に対する熱さと言い換えられるかもしれません。これに対して近年のモチベーション研究では、モチベーションを単なる「強さ」だけではなく、努力の「方向性」の一致度や「持続性」を加えた一連のプロセスで考えることが一般的になっています。皆さんの身の回りにも「熱い」だけで

99　池田浩・森永雄太 (2017)「我が国における多側面ワークモチベーション尺度の開発」『産業・組織心理学研究』30(2), 171-186.

努力の方向性が間違っている人や、電気ポットのように熱くなるのも早い代わりにすぐに冷めてしまう、という人がいるかもしれません。こういったタイプの人を本当の意味でモチベーションが「高い」と呼んでよいのかは疑問です。非常に部分的な意味で高いからです。言い換えると、仕事が高度化・複雑化してきて、成果を出すのがそれほど簡単ではない仕事が多い昨今ではモチベーションを「熱さ」の側面だけから捉えることは不十分だとみなされるようになってきています。やや学術的な議論になりますが、ＨＨＨの会では、「強さ」（目標の実現に向けた努力や意識の高さ）に加えて、「方向性」（目標をなぜ、どのように成し遂げるのかに関して明確に理解しているか）、「持続性」（目標を追求、持続するための費やされる時間の長さや継続性）という３つの次元から構成された質問項目を用いて作成を行っています。

達成志向と協力志向　また池田・森永尺度ではワーク・モチベーションを既存のモチベーション尺度よりやや幅広くとらえたうえで複数の側面にわけて測定している点も特徴です。すべての側面に関する説明は本書では割愛しますが（詳しくは池田・森永（2017）[100]をご参照ください）、本研究会では達成志向モチベーションと協力志向モチベーションという２つの側面に注目して測定を行っています。達成志向モチベーションとは、割り当てられた仕事を完遂しようとするモチベーションであり、一般に企業や組織で仕事に対するモチベーションという場合には、この種のモチベーションを想定してきたと思われます。施策が仕事を達成しようとするモチベーションを高める効果についてシンプルに測定するための項目です。

　ＨＨＨの会で注目したもう１種類のワーク・モチベーションは協力志向モチベーションです。協力志向モチベーションは文字どおり、同僚と協力しようとするモチベーションのことです。従業員が相互依存的に働く程度

100　池田浩・森永雄太 (2017)「我が国における多側面ワークモチベーション尺度の開発」『産業・組織心理学研究』30(2), 171-186.

の高い仕事の場合には、達成志向モチベーションが協力志向モチベーションを高めることに繋がり、職場内の従業員の同僚を援助するなどの役割外の業績を促すと考えられます。ＨＨＨの会で導入する Habi*do も、チームで健康増進活動に取り組むというものでした。従業員間のかかわりを高める取組みでもあるといえます。そのため達成志向モチベーションに加えて協力志向モチベーションに対する影響にも注目することにしました。

　なお、本調査で用いたワーク・モチベーションの具体的な調査項目については図表 7 - 4 をご覧ください。

【図表 7 - 4　ワーク・モチベーション尺度の質問項目】

ワーク・モチベーション尺度：質問項目一覧	
達成志向的モチベーション	私は、自分の職務を果たすことが、同僚や職場、組織にどのように貢献するかを理解している。
	私は、自分に与えられた職務を完了することに大きな意義を感じて、職務に従事している。
	私は、自分の職務を完了させるまで粘り強く取り組んでいる。
協力志向的モチベーション	私は、どうすれば同僚や上司とこれまで以上に質の高い協力ができるかについて考えている。
	私は、同僚や上司と協力的に関わることができるよう、非常に気を配っている。
	私は、同僚や上司と今以上に互いに協力し合えるように継続的に取り組んでいる。

注：池田・森永, 2017 より各側面 3 項目を用いて測定。

内的モチベーション　達成志向と協力志向モチベーションと同時に内的モチベーションも測定しています。内的モチベーションはもともと職務設計の研究領域で用いられてきた考え方で、仕事そのものにやりがいや生きがいを感じているかどうかを把握するために用いられてきました。ＨＨＨの会では、森永・鈴木・三矢（2015）[101] を参考にして 4 項目で測定していま

101　森永雄太・鈴木竜太・三矢裕 (2015)「従業員によるジョブ・クラフティングがもたらす動機づけ効果－職務の自律性との関係に注目して」『日本労務学会誌』16(2), 20-35.

す。具体的な質問項目は「今の仕事は、私にとってやりがいのある仕事である。」、「私は今の仕事にとても生きがいを感じる。」「私は心から仕事をする喜びを感じる。」「私は、今の仕事が楽しくて、知らないうちに時間が過ぎていく。」の4項目です。

③組織コミットメント

　健康経営のメインストリームでは、その組織的成果としてアブセンティーイズムや離職率を下げることに注目してきました。これに対して本書では組織コミットメントに注目していきます。その理由は、経営学において従業員がなぜ組織にとどまり続けるのかを説明する要因として注目されてきたのが「組織コミットメント」だからです。仕事に対する従業員の態度を捉えようとするワーク・モチベーションとは異なり、組織コミットメントは、その名のとおり組織との関係に注目している概念といえます。

　ワーク・モチベーション同様組織コミットメントにもいくつかの異なる側面があることがわかっていますが、ＨＨＨの会では組織の仲間や組織自体に対して抱く愛着や誇りに関わる情緒的コミットメントに注目しています。

　本書の第5章で紹介したフジクラでも、職場の一体感に注目して成果指標として測定しています。組織コミットメントは一体感そのものを測定しているわけではありませんが、近しい関心のもとに測定される項目と考えることができそうです。実際に既存の先行研究でも健康増進活動を実施することが従業員の組織コミットメントに影響を与えるだろうことについて、繰り返し主張されてきました。会社が従業員のウェルビーイングに気遣ってくれることは従業員の愛着を高めることが予想されるからです。昨今指摘されるように、職場内でのコミュニケーションが不足し、職場で孤立する従業員が出てきた場合には、その従業員が組織への愛着を感じることは難しいとも考えられます。

　ＨＨＨの会では、鈴木（2002）[102] に従って4項目で情緒的コミットメント

102　鈴木竜太 (2002)『組織と個人　キャリア発達と組織コミットメントの変化』白桃書房。

を測定しています。具体的項目については「私は我が社に愛着をもっている」や「私は我が社の構成員であることを誇りに思う」など 4 項目を用いています。

7.3.3　業績

　従業員の業績を測定する、と聞くと売上げなどの客観データを用いることを思い浮かべる人も多いと思います。もちろんそういった客観データを用いられる場合にはそれらを使うにこしたことはありません。しかし現実的には様々な理由で使用できないことも多くあります。ＨＨＨの会でも客観データは用いていません。その理由の 1 つは、営業職等特定の職種を除けば売上げのような利用可能な客観データがないことが挙げられます。今回のように多くの企業が各社の課題に合わせながら施策を展開する際には、調査対象を特定の職種に限定することは困難です。またデータの入手可能性から調査対象を選ぶことは本末転倒になってしまいます。

　またもう 1 つの理由として、客観指標が（仮に利用できるとしても）必ずしも施策の実施期間と一致しないことも挙げられます。毎日の個々人の売上額が細かく計上され共有されているような一部の企業を除けば、プロジェクト期間と一致した業績指標を入手したり、算出して紐づけたりすることは非常に困難です。

　またその成果が表れるタイミングにはタイムラグがあることも予想されます。どのタイミングの成果を施策の成果として用いるのかも、実は難しい問題です。人材マネジメントの研究領域で指摘されているように、人事施策と業績との間には一定の距離があると考えられるからです [103]。

　本研究会では、これらの理由から、従業員が主観的に自分の業績を評価するという自己評価を用いています。自分で自分の仕事の出来栄えを評価するわけですから、自分の都合のいいように高めに評価してしまう可能性は確か

103　守島基博 (2010)「社会科学としての人材マネジメント論へ向けて」『日本労働研究雑誌』Vol.600, 69-74、　西村孝史 (2013)「ＨＲＭ」『日本労働研究雑誌』Vol.633, 46-49。

にあります。しかし今回の調査で注目したいのは、その絶対値というよりも施策の前後による「変化」です。また、どういったタイプの業績に影響を与えて、どのタイプの業績に影響を与えないのかという違いを判別することです。そのため、上述した問題の影響はそれほど大きくはないと考えました。以下では具体的にどのような項目を測定したのかについて説明していきます。

①役割内業績

　役割内業績の各項目では、決められた役割をきっちりやっているかどうかを聞いています。役割内業績について測定する理由は積極的な理由と消極的な理由の２つに分けられます。積極的な理由としては、施策を通じて高められたモチベーションや組織コミットメントが決められた業務をきっちりすることに繋がっているのかどうかを検討するためです。消極的な理由としては、健康増進活動に取り組むことが本業をおろそかにすることに繋がらないかという懸念についても検討するためです。昨今注目されることが多い副業解禁でも同じことが指摘されますが、自発的な取組みを導入する際に人事や管理者からあがる懸念として、自発的な取組みに没頭してしまって本業がおろそかになるのではないか、というものが挙げられます。ＨＨＨの会でもこの２つの理由から役割内業績に対する影響を調べていきます。津曲・池田・古川（2011）[104] に基づき、「私は、上司の指示に基づいて、忠実に仕事に取り組めている。」や「私は、与えられた仕事は、的確かつ締め切りどおりに確実に取り組むことができている。」など３項目を用いて測定しました。

②役割外業績

　役割外業績として２つの行動を想定した上で測定しました。組織では、従業員が事前に決められた役割をきっちり遂行するだけでは十分ではありません。誰の役割でもないけれど重要な仕事や、事前に担当を決めるほど頻繁には起こらないけれど、誰かがやらないといけないこと、というようなものが

104　津曲陽子・池田　浩・古川久敬 (2011)「組織におけるプロアクティブ行動の意義および測定尺度の開発」『産業・織心理学会第 25 回大会発表論文集』187-190.

必ず存在します。野球でいえば、三遊間の奥深くに上がったポップフライのようなものです。そのフライがサードの守備範囲なのか、ショートの守備範囲なのか、はたまたレフトの守備範囲なのかは、すぐにはわかりません。3者は、声を掛け合いながら自分が取りに行くのか、他のプレイヤーに任せるのかを決めなければなりません。従業員同士で協力する意欲が低下していたり、組織のための労を惜しむような従業員が多くいたりすると声掛けが失われ、「お見合い」やその結果としての「ポテンヒット」を誘発してしまいます。こういった行動は必ずしもエラーとは言い切れないので「役割内業績」とは別に測定していく必要があります。

　HHHの会では、このような三遊間奥深くの小フライを拾いにいく行動として2種類の役割外業績を測定しました。1つはすでに協力モチベーションの部分で述べたように他者を助ける行動、すなわち支援行動について測定しました。池田・古川（2008）[105] に基づき、「私は、同僚が仕事に関わる問題を解決できるよう進んで援助している。」や「私は、職場の同僚が困っている時には助けるようにしている。」など3項目を用いています。

　また職場で自分なりの工夫を持ち込みながら仕事に取り組んでいるかどうか、すなわち創意工夫行動についても測定をしました。創意工夫については「私は、自分の部署の仕事のやり方に変化を加えている。」あるいは「私は、新しい方法を自分の部署の業務に取り入れるために提案している。」など4項目のオリジナル項目を作成して測定を行っています。

7.4　研究会の学びポイント①：目指す従業員像は

　ここまでご紹介してきたように、HHHの会では、取組みの方向性にある程度の共通点を見出した企業が集まり、施策の具体的な設計や運用について学び合いました。そして研究会では、主にそれぞれの組織で本書で「見えな

105　池田浩・古川久敬 (2008)「組織における文脈的パフォーマンスの理論的拡張と新しい尺度の開発」『産業・組織心理学研究』22(1), 15-26.

い仕組み」と呼ぶポイントについてどう考えるのかについて議論を行いました。

　研究会で最も盛り上がった議論の１つとして、施策を通じてどのような従業員像を実現していくのかに関する点が挙げられます。参加者の中には、自分とは異なる意見を聞いてためになったと感じた人もいれば、その多様性にかえってもやっとした、という人もいたかもしれません。このようなもやっとポイントこそ、自社に持ち帰って自社はどういうスタンスをとるのかについて議論すべきポイントだといえます。

　ＨＨＨの会では、目指すべき従業員像としてどのようなものが提示されたのでしょうか。すでに述べたように、本研究会は、健康経営のポジティブな側面に注目する研究会である、と位置付けられていました。そのため、施策を通じて目指す姿には、ある程度共通していると予想していました。しかし実際に集まってみると、それぞれが目指そうとする姿にはそれなりに多様性があることもわかってきました。

　あるグループでは、幸福な従業員を増やすというような意見が出され、多くの参加者が賛同されたようです。健康を損なうと従業員の幸福感に大きく影響することは直感的にも想定できます。健康経営を通じて従業員の幸福感を高めていくというのは１つの有益な方向性でしょう（ただ、既に述べたように幸福の考え方や測定する方法にも様々なものがあるわけですが）。

　また活き活きした従業員、活力ある従業員を増やしたいという意見も出されました。これは第Ⅱ部で紹介したフジクラが設定していた従業員像に近いかと思います。病気でないけれど仕事に対しては意欲的でないということでは生産性には結びつきません。仕事に対して前向きで意欲的である状態まで視野に入れるという意味で積極的なアプローチだといえます。あわせて研究会では、活き活きや活力に関連する重要な要因として、コミュニティとしての職場の影響や従業員が組織に対して抱く愛着の重要性も指摘されました。順調にキャリアを歩んでいる時には仕事にやりがいがあり、打ち込んでいれば活き活きが続くかもしれません。しかし、長い仕事生活の中では、失敗し

たりうまくいかなかったりすることが続く時期も必ず生じます。そういった時に周囲から効果的なサポートを得ることができるかどうか、愚痴をこぼすことのできる仲間がいるかどうかが活き活きの維持・持続に影響すると考えられます。職場や組織全体に対しても前向きな認識を持てているかどうかも重要な要素だと考えられます。

　少し異なった観点からの意見として夢や目標を持った従業員を増やしたいという意見も出されました。一見すると健康増進とはかけ離れた従業員像に見えるかもしれませんが、重要な視点だと感じました。従業員の健康増進はいかに組織や管理者が働きかけても、従業員自身が主体的に取り組まなければ成し遂げることはできません。その意味でポピュレーションアプローチによる健康増進は従業員のセルフマネジメントスキルを高める取組みとも深く関連するといえるでしょう。セルフマネジメントを行う上で最も基本的なステップは自分なりに夢や目標を持ち、現状とのギャップを明確にすることです。目標や夢を自分なりに設定するスキルを健康増進だけに活用できるようにするだけなく、仕事遂行場面における目標設定やキャリア上の夢や目標を立てる能力にまで応用できるようにする、ということを施策のゴールとして設定するというのは極めて意義深いように思われます。

　ＨＨＨの会で議論した結果、各社で目指したい従業員像は多様であることがわかりました。先に挙げたとおり、どの会社でも従業員の健康状態を向上させたいという目的は共通ですが、その先に何を成し遂げたいのかは異なってくるということがわかります。本書では、このような多様なビジョンを含有する幅広いコンセプトとして従業員ウェルビーイングを想定し、総称する取組みをウェルビーイング経営と呼んでいます。仮に各社で目指すウェルビーイングが異なるのであれば、それぞれの組織が目指す像に応じた「用語」を用い、最も適した「道具」を用いて取組みの成果を捉えていくことが有益です。今回用いた共通質問票では比較的幅広く従業員の状態を把握できるように設計していますが、すべてを同様に重視する必要はないのかもしれません。自社で注目する項目について選択的に注目することで、施策の効果をよ

り適切に判断することもできるかもしれません。

HHHの会に参加した企業以外でも、各企業が健康増進を実践する場合には従業員ウェルビーイングを具体的にどのように設定するのか、改めて明確にしたうえで、適切な測り方や尺度を選択する必要があるでしょう。

7.5 研究会の学びポイント②：対象とする従業員は誰か

研究会で最も盛り上がったもう1つのポイントとして、誰を対象に施策を展開するのか、が挙げられます。HHHの会は、ポピュレーションアプローチに注目しています。しかし、いきなり全従業員を対象に取り組むのがよいのでしょうか。それとも特定の部署に対して取り組むのでしょうか。初めて施策に取り組む企業や組織の場合には、このようなプラクティカルな部分において、とりわけ大きな戸惑いがあったのも事実です。

いくら経営陣が健康増進施策を実施することにコミットしていたとしても、予算がついていたとしても、施策に参加する人がいなければ健康増進施策は成立しません。この参加者をどのように決めるのがよいのか、様々な議論がなされました。

議論の中で想定された1つのアプローチは、「手上げ方式」で全社員から広く希望者を募集する方法です。既存のポピュレーションの研修や講習会ではこういった方法を取っている会社が多いだろうと思います。これまでも類似の取組みをされていた場合には、もともと関心を持っている従業員が一定数いて、参加してくれるかもしれません。しかし、初めて取組みをスタートしようとする企業においては、この方法を採用するのは現実的には難しいと思われます。なかなか十分な人数が集まらないという会社も多いと思いますし、たとえ集まったとしても、推進担当者が本当に参加してほしい層にはなかなか参加してもらえないかもしれません。

もう1つは「指名式」です。推進担当部者から管理者を介して参加を依頼するという方法です。実はHHHの会では、すべての参加企業が「手上げ方

式」ではなく、「指名方式」を採用しました。今回用いられた指名式の中にはいくつかのバリエーションがありました。

　まずは、全社員で取り組むパターンです。全社員が対象ですので、指名というのはやや違和感がある人もいるかもしれませんが、本人の意思とは関係なく取り組むことが求められるという意味でここでは指名式に含めました。このような全社員参加の取組みを行うことは、通常、非常にハードルが高いと考えられます。また、運営側の負担も大きいです。しかし成功した場合のメリットも大きくあります。このようなアプローチを採用した事例として、次章ではＪＴＢベネフィットの事例を取り上げて説明していきます。

　次に一部の部署を対象者として選定するパターンです。これは施策を導入する意図や対象者がある程度明確に想定できている組織の場合に用いられました。ＨＨＨの会の参加企業では、営業部門を対象に調査を行ったロート製薬やメンタルヘルスの問題に着眼して取り組んだ鎌倉市役所の事例が挙げられます。施策の目的が明確化できており、対象者も限定できていれば、費用の面でも得られる効果の面でも効果的な取組みが実施できる可能性があります。

　最後は、パイロット調査（まさにお試し調査）として位置づけ、社内のいくつかの職場を任意に選んで協力依頼をする方法です。いくつかの職場で取り組む点は第２のアプローチと変わりませんが、選択基準がそれほど明確でない、あるいは施策の目的とまだ明確にリンクできていない点で異なります。ＨＨＨの会では、カルビーをはじめとした多くの企業がこのアプローチを採用しています。本社と現場、本社の中でも推進部門とそれ以外の部門など、異なる特性の部門や部署で実施することで各部門間の参加率の違いや効果の違いを検討することができます。ここでの取り組み状況や従業員の問題意識を把握することを通じて健康課題を把握することにつなげていく、という狙いもあるようです。

　またひとまず人事部門で実施してみるという企業も多くありました。営業部門と比べてスタッフ部門の従業員はＳＮＳにアクセスしやすい労働環境に

ある上、他の従業員とのコミュニケーションが日常的に少ない人も多くいます。少なくとも今回の取組みとの関係でいえば、人事部門でのトライアルは、まずは協力が得やすいうえ、チーム単位で活動することから得られる波及効果も実感しやすい対象であったといえるでしょう。皆さんの会社のトライアルでも対象候補として検討してみてもよいかもしれません。

　このように対象とする従業員の選び方が決まれば、それぞれの企業における実施上の注意点も明確になってきます。手上げ方式を選択する場合であれば、「どうやって多くの方に手を挙げてもらうのか」という問題が第1の問題になります。一方指名方式の場合には、「いかに継続的に参加してもらうのか」という問題が第1の問題になります。手上げ式で集まった方よりもスタート地点の意欲は低いことが予想されるため、様々な工夫が必要になることも予想されます。ＨＨＨの会ではすべての企業と組織が指名方式を選択しました。そのため、参加者は一応、確保されているわけですが、参加者に如何に継続してもらうのか、という点に関心の焦点は移っていくことになりました。

7.6　まとめ

　本章では、ウェルビーイング経営の取組みをスタートしようとする企業による研究会の概要を紹介しました。研究会の1年間のスケジュールを参照することで、ウェルビーイング経営の準備・実施・効果測定・振り返りという一連の流れを把握することができます。また共通質問票の実施方法や質問項目を参照することで特定の施策の効果を把握する方法についてある程度イメージしてもらえるのではないかと思います。

　第Ⅲ部の残りの章では、共通施策の成果について2つの観点から記述していきます。第8章では、施策が従業員ウェルビーイングと業績にもたらした影響や変化について紹介していきたいと思います。また第9章では、2つの組織の参加状況を紹介し、参加者に継続して参加してもらうための仕掛けを紹介していきます。

第8章　施策の成果をとらえるには

　ＨＨＨの会では最終的に15の企業と組織が実践を行いました。本章では、そのうち2つの事例を取り上げて具体的に紹介していきます。まず、自社の課題を明確にしたうえで全社員を対象に実施したＪＴＢベネフィットの事例を取り上げます。次に、特定の部署からピックアップした従業員を対象に取り組んだ鎌倉市役所のケースを取り上げて紹介していきます。

8.1　全社員での取組み：ＪＴＢベネフィット

　はじめに、組織全体が抱える課題を解決するために従業員全員がチームによる健康増進活動に参加したＪＴＢベネフィットの事例を取り上げます。このような大規模な取組みは運営面ではそれなりの負担もありますが、全員で取り組むが故のメリットもあります。まずは、ＪＴＢベネフィットが施策を導入するに至った問題意識と取組みの概要、効果について紹介していきます。

8.1.1　問題意識と施策の内容

　ＪＴＢベネフィットは、東京都に本社があり、親会社が100％株式を保有するグループ子会社です。ＪＴＢベネフィットの取組みとして、まず基本部分には健康習慣の推進という目標があります。実は、これまでもグループ全体で取り組んでいる健康施策がありました。例えば、取り組むべき健康習慣の重点項目が決められていて、一定期間の間、取り組んだかどうかを個々人が記入して提出する、というような取組みです。ＨＨＨの会の取り組み内容とも近い部分もありますが、その参加状況や取り組む姿勢は必ずしも主体

的に熱心に取り組むという状況ではなかったようです。

　その理由は継続の難しさにあると考えられます。たとえ実施した方がよいと本人がよく分っている習慣であっても、忙しい毎日で実行するのは難しいものがあります。ついつい後回しになってしまったり、続けている間に意欲が低下してしまったりする時期があることは避けられません。加えて、一度さぼってしまった習慣を立て直したり、取り戻したりするのは、何かきっかけがない限りなかなか難しいものです。

　また、習慣をいちいちシートに記入するというのが煩わしいということもあると考えられます。組織の中には几帳面できっちりしたタイプの人もいれば、根性なしでさぼりぐせのある人もいます。私を含め、これまで健康習慣を始めようと思ったけれど、何度も挫折した、というタイプの人をうまく巻き込めるオペレーションかどうかという点も重要でしょう。健康習慣には取り組んでいても、紙に記入することを忘れてしまったり、後回しにしてしまうという人もいるでしょう。そのためついつい何日分かをまとめて記載するようになるということもあるように思います。

　今回の取組みでは、主体的に健康習慣に取り組んでもらい、持続してもらうための工夫としてチーム単位で取り組むという視点が組み込まれている点が既存施策との大きな違いとなるでしょう。他者と一緒に取り組むことで継続しやすくなることが期待できます。

　また、ＩＴデバイスを活用している点も特徴です。記入することの煩雑さは残るものの、スマホやＰＣを通じてＳＮＳにログインすればどこからでも記入できます。スキマ時間を活用して記入できるなど、利便性を向上させることで参加を促しやすくなっていると考えられます。

　ＪＴＢベネフィットが把握していた自社特有の課題は、コミュニケーション不足でした。とりわけ異なる部門に所属する従業員間のコミュニケーションが不足していると考えられていました。異なる部門間でコミュニケーションがないことは、他部門との連携がうまくいかないことに端を発する部門間コンフリクトの発生や、部分最適の意思決定がなされる原因となると考えら

れます。

　実は、ＪＴＢベネフィットがこのような問題を抱えていた原因の背後には、物理的なオフィスレイアウトの影響もあると考えられていました。本社オフィスは２つの階に分かれていることから、階が違う従業員と顔を合わす機会はほとんどないということでした。そのため、たまに書類の提出などで別のフロアに行っても知っている人はほとんどいない、というような状況もあったようです。ＪＴＢベネフィットは、このような他部門の従業員とのコミュニケーション不足という課題を解消することがメンタルヘルスの予防につながるし、健康習慣を全社的に取り組むことが従業員ウェルビーイング向上につながると考えたのです。

　チームによる健康増進施策は、2016年8月1日から11月8日にかけて実施しました（図表8－1）。ＪＴＢベネフィットは大まかに分ければ管理部門、開発部門、営業部門の３部門に分けることができます。今回の取組みでは、上述の課題を解消するために、これらの３つの部門を横断するチームを編成して実施しました。またＪＴＢベネフィットでは成績上位のチームに対してインセンティブを提供することが公表されており、チーム間の競争を促進しながら実施することにしました。ここまでの記述をまとめると、社長以下全員が参加すること、優秀チームにインセンティブを提供すること、などから従業員に積極的な参加を強く促す取組みと位置付けることができます。

　調査対象および健康増進施策への参加対象者は、ＪＴＢベネフィットの社長以下正社員全員となる199名です。課題を解消するためには全従業員が他部門とコミュニケーションをとる機会が増えることが理想であるからです。共通の質問票調査を実施し、事前と事後の質問票に対して191名から回答がありました。ただし回収に用いたシステムの不調により、プロジェクトへの参加頻度を問う質問と実施前調査と実施後調査を紐づけるコードに対する回答の一部が正確に収集できませんでした。そのため実施前調査と実施後調査の紐づけが可能となった回答は121名です。本書で記述していく以後の調査結果は、このマッチングが可能であった121名（男性50名、女

性 71 名）のものとなります。

　回答者の平均年齢は 39.5 歳（標準偏差 11.36）でした。もともと週に
２回以上１回 30 分以上の運動をする習慣があるという人は 32 人で全体の
26.4％でした。平成 28 年度の厚生労働省「国民健康・栄養調査」によれば
運動習慣のある男性は 35.1％、女性は 27.4％であるとされています。特に
運動習慣の値の低い 30 代や 40 代が多く含まれていることを考慮に入れる
とこれらの調査結果と比べて大きな違いはないといえそうです。

【図表８－１　プロジェクト全体の概要：ＪＴＢベネフィット】

	ＪＴＢベネフィット
調査時期	2016 年８月１日〜11 月８日
対象者 (参加チーム数)	199 名 (40 チーム)
有効回答数 (回収率)	121 名※ (60.8%)
平均年齢（標準偏差）	39.5 (11.36)
男性比率	41.30%
チーム編成	職場横断型チーム
統制群の設置	なし

※回収数は 191 名。ただし事後調査の回答回収に用いた Web サイトの不調により一部データが欠損、事前
事後のマッチングが可能になった数。

　なお従業員ウェルビーイングに影響を与えると考えられる仕事の負担感に
ついても質問していますが、事前の調査と事後の調査で統計的に有意な水準
で差は見られませんでした。取組みの前後で仕事の大変さが変化するという
ことは、組織全体でみればなかったと考えられます。

　取組みの実施状況を集計した結果、多くの従業員が高い割合でＳＮＳにア
クセスし、取組みを報告しあったり、チーム内でコミュニケーションを取っ
たりしたことがわかりました（詳しくは第９章に記載）。また、これまでの
健康増進施策と比べて、高い参加率を得られたと考えられています。

　では、このような取組みを通じて生じた従業員ウェルビーイングや行動の変化について記載していきます。

8.1.2　施策の成果のまとめ

　チームによる健康増進活動は従業員ウェルビーイングに影響を与えたのでしょうか。すでに第7章で説明したように、施策の参加者には参加前と参加後に、同じ質問項目に回答してもらっています。それぞれの質問項目に対して「5点：とても当てはまる〜1点：全く当てはまらない」の中からもっとも当てはまるものを回答してもらいます。従業員ウェルビーイング、業績に対する回答の値を集計して比べたものが図表8−2です。

　その上で、実施前と実施後の差に意味があるのか、誤差ではないのかについて統計的な手続きを経て検討しました。その結果、達成志向モチベーション、協力志向モチベーション、組織コミットメントについては活動前後で統計的に有意な水準で平均値に差が見られました（達成志向モチベーション $p = 0.005$, 協力志向モチベーション $p = 0.001$, 組織コミットメント $p = 0.035$）。一方、内的モチベーションには変化は見られませんでした（内的モチベーション $p = 0.257$）。これらの分析から、施策を実施することで従業員ウェルビーイングが部分的に高まったといえるでしょう。

　次に、従業員の業績に対する影響を確認するための分析結果についても紹介していきましょう。ここでも、実施前と実施後のスコアを算出し、両者に差があるのか、あるとすればそれは意味のある差なのかどうかを検討するための統計的な検討を行いました。その結果、3つのタイプの業績についてすべての次元に関して、活動前後で統計的に有意な水準で差が見られました。

　参加者全体でみれば、すべてのタイプの業績について施策の前よりも後の方が高いスコアであったという結果です。決められた役割をきっちり遂行する程度について測定している役割内業績だけでなく、困っている同僚を支援する行動や主体的に職務内容に変更を加える創意工夫行動が統計的に有意な

水準（役割内業績 p = 0.005, 支援行動 p = 0.001, 創意工夫行動 p = 0.035）で変化したという結果が得られました。

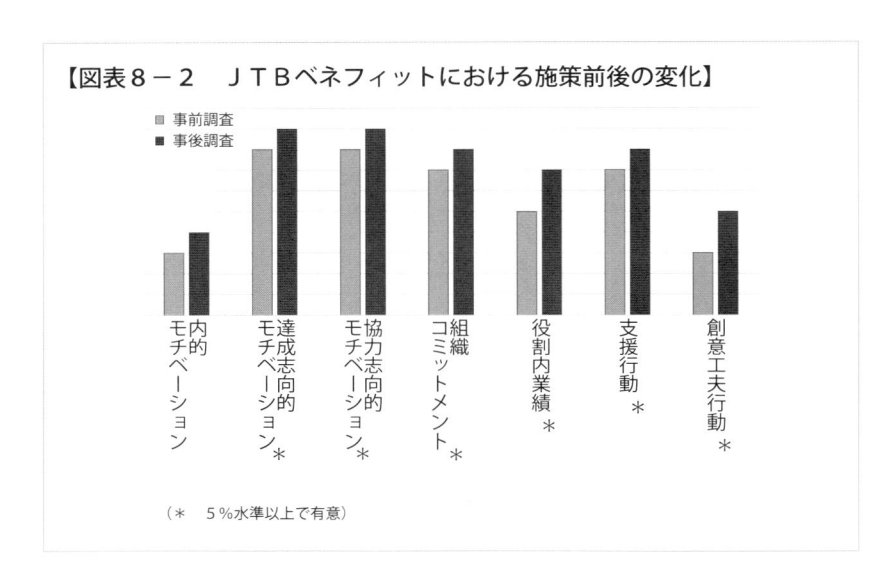

【図表8－2　ＪＴＢベネフィットにおける施策前後の変化】

凡例：
- 事前調査
- 事後調査

内的モチベーション／達成志向的モチベーション＊／協力志向的モチベーション＊／組織コミットメント＊／役割内業績＊／支援行動＊／創意工夫行動＊

（＊　5％水準以上で有意）

8.2　特定部署における取組み：鎌倉市役所

　続いて自分たちが抱えている課題についてすでに明確に把握しており、その課題の解消に向けて特定部署をピックアップして取り組んだ事例を紹介します。

8.2.1　問題意識と施策の内容

　鎌倉市長の松尾崇氏によれば、鎌倉市役所では 2015 年から 2016 年にかけて職員の不祥事が立て続けに発覚したそうです。そして不祥事が起こった原因追及を進めていく中で職員が疲弊していること、不安感が増大しているということが顕在化してきたということでした。鎌倉市は市民活動が盛んで

住民からの要望も多く寄せられます。これらに可能な限り応えようとすることや、議会対応でもミスなく準備をする必要性も高まることで職員側の負担が大きい状況が続いているようでした。結果としてメンタルヘルス不調の問題も看過できなくなっていると考えられるようになったようです[106]。

　鎌倉市役所が直面しているメンタル不調の問題に対しては、ＨＨＨの会への参加以外にも様々な観点から対策が取られています。ここでは、まずそれらの一連の取組みについても整理しておきます。まずは、職員の負担そのものを減らす取組みが行われています。鎌倉市長松尾崇氏によれば、20 年前と比べて市役所の職員が約 400 名削減されている一方で業務量は減少していませんでした。そのため、職員の負担はその分着実に増加していると考えることができました。そこで鎌倉市役所では、まず外部機関を使いながら各部署の業務量調査を実施しています。ある部署では、「業務を法令に基づいて、やらなければならない業務」「職員がやるべき業務」「それ以外の業務」の 3 つに分類し、「それ以外の業務」に関して業務の削減を進めました。また、ワーク・ライフ・バランスの推進という観点からも取組みを行っており、育児休業者の支援や「イクボス宣言」などを行っています。

　一方で実態調査や様々な対応策を進める中でより大きな課題に直面することにもなりました。それは単に業務負担を減らせば解決するという環境面の問題ではなく、従業員の主体性や従業員の関係性にも影響が及んでいるということでした。ある職場で不祥事が生じた後、その他の職場で不祥事が起きないように食い止めるためには、不祥事を生じさせない取組みを職場の中で共有していくことが重要です。しかし調査の結果からは現状では職員にとって仕事が他人事になってしまっているようだと分析されました。それぞれの職員の主体性が低下している中では不祥事を食い止めるような取組みは十分に徹底されません。従業員が仕事に対して主体的に取り組むように促していくことが必要です。

106　2017 年 5 月 28 日「従業員の自律と自発性を引き出す『働き方改革』フォーラム」於：神戸大学における講演より。

　また職場内の関係性も変化している、あるいはそもそも十分に形成されていないこともわかってきました。原因の１つは、雇用形態の多様化に伴う雇用形態間の見えない壁というものが生じているということでした。正規職員と非正規職員・アルバイトの間には目に見えない壁があり、連携がとりづらい部分があると考えられました。

　また、ハラスメント問題が生じた場合に、被害を受けた職員が個人で抱えているということもわかりました。ハラスメント問題が生じていること自体も問題ですが、そのような問題が生じた時に相談したり支援したりする「関係性」が職場の中に十分に育まれていないということも深刻な問題であると考えられました。

　こういった問題意識から鎌倉市役所ではメンタルヘルス不調者の増加の背後にある原因として職場内のコミュニケーション不足を見出し、その解消を課題として取組みを行いました。チーム単位の健康増進活動を通じて健康行動に主体的に取り組むこと、職場内コミュニケーションを増加させることで従業員ウェルビーイングを高めていくことを主たる目的として実施しました。取り組み方という点では、あくまで各チームの取組みに期待するもので、推進部門からの強い巻き込み策は行っていません。自発的な参加を期待するアプローチと位置付けることができそうです。

　調査の対象は鎌倉市の市役所職員で、調査時期は 2016 年 7 月 25 日から 11 月 1 日です（図表 8 － 3）。施策の推進部門である職員課が対象となる 15 部門を選択し、部門内で施策に実際に参加する介入群と質問票調査のみに回答する統制群を設定しました。介入群として 15 チームで計 106 名が参加することになりました。このうち施策の前後の質問票調査に回答して、正しくマッチングデータが得られたのは 103 名（男性 67 名、女性 36 名）でした。103 名の回答者の平均年齢は 39.1 歳（標準偏差 10.36）となっています。運動する習慣があるという人は 31 人で全体の 30.7 ％でした。ＪＴＢベネフィットと比べるとやや高いものの、それほど極端な値ではないといえそうです。一方統制群は男性 24 名、女性 19 名の計 43 名です。事前調査

に対する回答によれば、年齢や従業員ウェルビーイング、主観的業績の値において介入群と統制群の間に統計的に有意な水準で差は認められませんでした。またウェルビーイングに影響を与えると考えられる仕事の負担および職場から受けている支援についても両者で差は認められませんでした。

　鎌倉市役所での施策実施後に、取り組み状況を集計したところ、ある程度高い参加状況を得ることができました（詳しくは第 9 章参照のこと）。ＪＴＢベネフィットと比べると、やや低い参加状況ですが、従業員の自発性を重視した取組みであることを考慮すると、決して低い値ではないと考えられる結果でした。次年度以降の継続を通じて、徐々に取組みの輪を広げていけるかどうかが重要だといえるでしょう。

【図表 8 － 3　プロジェクト全体の概要：鎌倉市役所】

	鎌倉市市役所
調査時期	2016 年 7 月 25 日〜 11 月 2 日
対象者 (参加チーム数)	106 名（15 チーム）
有効回答数 (回収率)	103 名（97.1%）
平均年齢 （標準偏差）	39.1（10.36）歳
男性比率	65.00%
チーム編成	職場内チーム
統制群の設置	あり（50 名）

8.2.2　施策の成果のまとめ

　チームによる健康増進活動は従業員ウェルビーイングに影響を与えるのでしょうか。鎌倉市役所の取組みの場合、統制群が設置されています。そのため、鎌倉市役所調査は、統制群を設置しなかった（全員調査のため設置できなかっ

た）ＪＴＢベネフィットの調査と比べて、施策の成果を検証する上ではより精緻な調査設計となっています。統制群が設置されなかった場合には、介入前後である変数に変化が生じたとして、その変化が施策によるものかどうかはわかりません。例えばすでに述べたとおりＪＴＢベネフィットでは、介入前後でいくつかの変数に変化が見られましたが、これが健康増進施策に取り組んだことによる結果なのか、例えば社員旅行など、従業員が直面した他の要因の影響なのかはわかりません。しかし統制群が設置されていて、介入群でのみ事前調査と事後調査の間に差が生じ、統制群では事前調査と事後調査の間で差が生じない場合には、施策に取り組んだことによってウェルビーイングに変化が生じたと考えることができます。今回、統制群について施策の前後の各変数の値を算出し、前後の差を検討したところすべての項目において意味のある差は見出されませんでした。そのため、統制群で意味のある差が見いだされた場合には、施策によって変化が生まれたと考えることができます。マッチングデータが得られた 103 名について実施前と実施後の平均値を算出しました。また施策前後の平均値に差があるのか、差があるとすれば統計的に意味がある差なのかどうかについて検討しました。

　その結果、協力志向的モチベーションについては活動の前後で変化があることがわかりました。一方、内的モチベーション、達成志向的モチベーションや組織コミットメントについては前後で差は見られませんでした（協力志向的モチベーション $p = 0.023$，内的モチベーション $p = 0.838$，達成志向的モチベーション $p = 0.145$，組織コミットメント $p = 0.168$）。これらの結果から、鎌倉市役所の取組みでも、施策を実施することで従業員のウェルビーイングが部分的に高まったといえるでしょう。

　次に従業員の業績には、どのような変化が生じたのでしょうか。ここでもマッチングデータが得られた 103 名について平均値とその差を算出しました。その結果、役割内業績については施策の前後で変化は認められませんでしたが（$p = 0.124$）、創意工夫行動や支援行動については施策前後で差が認められました（創意工夫行動 $p = 0.026$，支援行動 $p = 0.000$）。施策

前よりも施策が終了した時点の方が、従業員は仕事を進める際に創意工夫を行っており、周囲の従業員の支援も行っているという結果です。これらの結果から、鎌倉市役所の取組みでは、施策を実施することで従業員の業績が部分的に高まったといえるでしょう（図表8-4）。

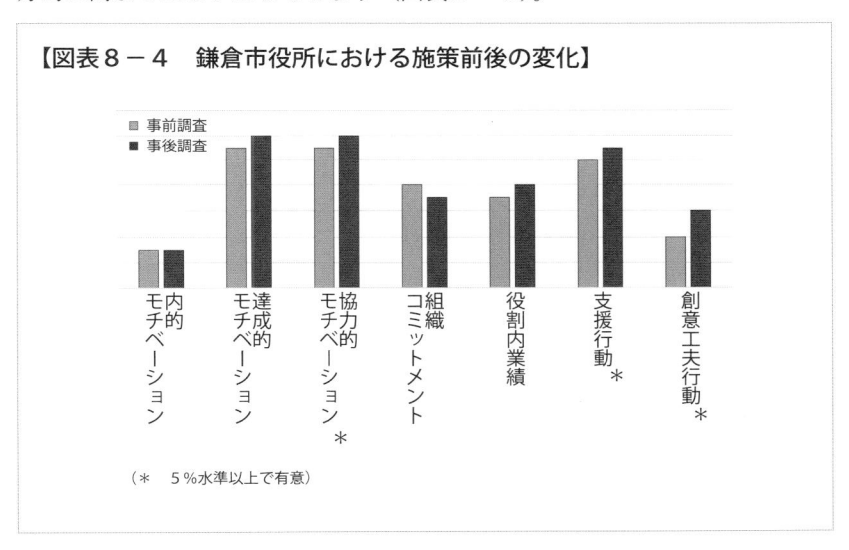

【図表8-4　鎌倉市役所における施策前後の変化】

凡例：
- 事前調査
- 事後調査

横軸項目：内的モチベーション／達成的モチベーション／協力的モチベーション ＊／組織コミットメント／役割内業績／支援行動 ＊／創意工夫行動 ＊

（＊　5％水準以上で有意）

8.2.3　オリジナル項目の分析

　鎌倉市役所では、自組織の目的に合わせてオリジナルの質問項目も含めて調査を行っています。本調査では、いくつかの調査結果について追加的に紹介していきたいと思います。

　1つ目の項目は、主観的健康度に関する質問です。

　調査の結果、主観的健康度の値に変化はありませんでした。この結果そのものはいくつかの観点から解釈ができると思われます。まず1つは、シンプルに今回の取組みが従業員の狭義の健康に対する認識についてよい影響を与えていない、ということです。

　ただし、この結果は今回の取組みが健康に対して無意味であるということは必ずしも意味しないと考えています。健康に対する認識そのものに変化が生じるまでには期間が短すぎるということかもしれませんし、この種の取組みがもたらす健康に対する評価を健康度によって測定することが適していないということかもしれないからです。現時点で健康に問題があると感じていない従業員を主たる対象とすることが多いため、なんらかの取組みを行ったとしても、従業員がその影響や効果を感じることはハイリスクアプローチと比べて難しいと考えられます。

　今回のように職場内のコミュニケーション課題をある程度解決できた施策においても、その効果が必ずしもすぐに健康が向上したという従業員の認識にはつながらないということもまた、推進担当者は把握しておくとよいと思います。

　鎌倉市役所で実施した追加分析のもう 1 つは、「同僚から支援を受けているかどうか」という質問に対する分析です。鎌倉市役所では職場内の雇用形態間の見えない壁やトラブル直面時に一人で抱え込んでしまうという問題が認識されていました。こういった問題の原因の 1 つであると考えられる「周囲からのサポート」の量が施策によってどのように変化するのかについて独自の調査を行い、結果について分析を行いました。

　事前調査の結果、介入群における平均値は 4.0 であり、一見すると職員たちは十分にサポートを受けられているように思われます。しかし同じ質問項目に対する別の組織における回答と見比べてみるとこの平均値はやや低いようでした。すなわち、サポートを十分には受けていないと感じている従業員の割合が相対的に多いことが予想できます（なお、サポートを受けているかどうかに関する質問項目の平均値についても、介入群と統制群の間に差はみられませんでした）。

　そして、施策後にも同じ質問に対する項目を求めたところ、施策前後で統計的に有意な水準で差があることが認められました。施策に参加することを通じて職場内でコミュニケーションを取る機会が増加し、併せて職場から受

ける支援の量も増えたことを示しているといえるでしょう。この結果は、介入群の回答で支援行動（周囲を助ける行動をしているかどうか）が増加しているという調査結果とも一致します。このことから、施策に参加した職員間でコミュニケーション量が増加し、施策に参加している職員は支援をする、される、ことが増えている状況だと理解できそうです。

　一方で統制群においては、そのような結果は見られませんでした。すなわち「職場でサポートを受ける機会が増加する」という現象は 100 日プロジェクトに参加した介入群の従業員のみに起こっているということです。施策の成果を示す観点からいえば、プロジェクトの効果が厳密に示された（施策以外の他の要因によって影響が出たのではなさそうだと考えられるという意味で）ということで肯定的に捉えられる結果です。

　職場全体の従業員ウェルビーイングを高めていくことを考えれば、施策に参加するメンバーを変えながら継続的に行ったり、ＪＴＢベネフィットのように対象範囲を拡張して特定の職場の従業員全員を対象に実施するなどの方法を通じて、効果を職場全体、組織全体に波及させていったり、風土として根付かせていく施策の展開を検討していくことが有効かもしれません。

　鎌倉市役所の取組みは測定した全ての項目を高めるものではありませんでした。しかし、職場内の支援や役割外行動の変化を見る限り、目的に応じた成果が得られたと評価できます。

8.3　２つの取組みの成果の異同

　本章のここまででは、ウェルビーイング経営における有望な実践の１つとしてチームによる健康増進活動に注目したうえで、その活動を導入した２つの組織の取組みとその成果について記述してきました。以下では２つの実践で得られた成果をまとめていきます。

　まず、２つの組織における実践の結果、チームによる健康増進活動はおおよそ期待どおりの成果をもたらすことがわかりました。すなわち、従業員ウェ

ルビーイングと業績を部分的に高めることが明らかになりました。今回の施策だけでは、個人単位で健康増進活動に取り組むこととチーム単位で健康増進活動に取り組むことの効果の違いについて比較することはできません。しかしチーム単位での取組みを通じて、健康への意識を持続できるようになること、職場内のコミュニケーションの活性化や人間関係の拡充へとつながることで、従業員ウェルビーイングを高めることにつながったと考えることができます。

　次に、本章の2つの組織における実践では、期待に反して影響を受けない要因もいくつか見られました。このうち内的モチベーションはＪＴＢベネフィットの取組みでも鎌倉市役所の取組みでも変化は生じませんでした。今回の測定尺度を改めて振り返ってみると、「私は、今の仕事が楽しくて、知らないうちに時間が過ぎていく。」などの項目が用いられています。理論的に考えれば、チームによる健康増進活動に取り組むことは、職場における対人関係を豊かにし、仕事のやりがいを高めることが期待されました。しかし本章で記述した事例ではそのような結果は得られませんでした。内的モチベーションは対人関係からだけではなく、仕事そのものの面白さや魅力からも強い影響を受けるからだと考えられます。今回の取組みでは、従業員が取り組む仕事の中身そのものに変化はないため、短期的には内的モチベーションを変化させる効果は得られなかったと解釈することができそうです。

　このほか2つの取組み間で影響関係が異なるという変数も見られました。具体的には、達成志向的モチベーションと組織コミットメントはＪＴＢベネフィットの取組みでは影響が認められましたが、鎌倉市役所の取組みでは影響が認められませんでした。なぜこのようなことが生じたのでしょうか。

　2つの取組みの間で異なる点の1つはチームの結成方法です。ＪＴＢベネフィットでは、すべての正社員を対象とした上で部門横断のチーム編成を行っています。一方鎌倉市役所の取組みは職場内のコミュニケーション活性化を高めるためのパイロット調査としての位置づけであるため、対象を限定した部門内チームを編成して実施しています。こういった実施形態の違いが

成果の違いを生み出した可能性があります。すなわち部門横断チームで取り組むことは、従業員の視野を広げ、自社における自分の仕事の位置づけや異なる部門との関係性を考えるきっかけとなり、組織への愛着を高めることにつながったこと、また組織への愛着が高まった結果、仕事に投入する努力量も高まったという可能性が考えられます。一方鎌倉市役所では部門内の取組みを通じて部門内での協力度合いは高まりましたが、組織全体への愛着は高まりませんでした。確かに新入職員ならいざ知らず、何年も働いてきてすっかり仕事に慣れている人にとっては、職場内でのコミュニケーションが増えたからといって組織全体に対する愛着が増すということは少ないかもしれません。それよりも職場内での居心地がよくなったとか、職場の同僚の状況がよくわかるようになった、という変化が協力志向的モチベーションの変化に結びついたと考えられます。

　もう1つの違いは参加度の違いです。どちらも通常の健康増進活動と比べて非常に高い参加率を得られたと考えられますが、2つの取組みを比べてみると参加率に少々の違いが見られます。こういった参加率の違いそのものから達成志向的モチベーションや組織コミットメントへの影響が変わったと考えることもできそうです。今回の取組みは施策の位置づけ（全社調査なのか、特定部署におけるパイロット調査なのか）の違いがそもそもあるため、参加度の度合いの良し悪しをそのまま比較することは適切ではありませんが、継続的に取り組む中で、参加率を高めていくに越したことはないといえるでしょう。

　業績への影響という点でも、ＪＴＢベネフィットと鎌倉市役所では部分的に異なる結果が得られています。支援行動と創意工夫行動という2つの役割外行動が高まるという結果は両者とも同じでしたが、鎌倉市役所では役割内行動への影響は見られませんでした。このような結果が見られた理由としては従業員ウェルビーイングへの影響の違いと併せて考えることが自然かと思います。すなわち組織コミットメントや達成志向的モチベーションが十分に高まらなかった結果、役割内行動も高まらなかった、という解釈です。

　ただし注意しなければいけない点もあります。それは市役所職員の職務の

特徴による影響の違いです。調査結果によると、ＪＴＢベネフィットと鎌倉市役所の職員では仕事の負担は（少なくとも本研究で測定した主観的な認知の範囲内では）大きな違いはないようです。しかし、市役所の業務では議会のある月とない月では業務量に大きな違いがあるようです。今回の調査では、役割内業績について「仕事を期限内にミスなく遂行できているかどうか。」などについて質問しています。そのため、こういった業務量が大きく変動することに対して本人がうまく対応しきれていないと感じている場合には役割内業績のスコアが影響を受ける可能性も考えられるでしょう。今回の取組みで扱う範囲を少し超えることにはなりますが、このような特殊な業務形態の職場で役割内業績を高めていくということを考える場合には、従業員ウェルビーイングといった心理的な変数だけでなく、個人の能力面の育成や業務量の変動に対応できる柔軟な人員配置といった幅広い組織的取組みを同時に検討していく必要があるのかもしれません。

8.4　まとめ

　本章では、自社の課題を明確にしたウェルビーイング経営に取り組んだ２つの事例の成果について紹介しました。その結果、どちらの組織でも施策を通じて一部の従業員ウェルビーイングが高まるという結果が得られました。このような結果が得られた背後に、従業員が熱心に施策に参加した、という当たり前のことがあったことを見過ごしてはならないでしょう。

　次章では、２つの組織における参加者の巻き込み方と参加状況の違いに特に注目します。その上で、ヒアリング調査の結果をもとに参加者が施策にどのように参加するようになったのか、参加者を施策に巻き込むために検討すべきポイントについて紹介していきます。

第9章　従業員の参加を促し継続させるには

　第8章では、2つの組織の事例を紹介しました。その結果、チームによる健康増進活動によって従業員ウェルビーイングと業績を部分的に高めることが明らかになりました。このような結果が得られた要因として、従業員に健康増進活動へと参加を継続してもらうという基本的で難しい課題をクリアしたことが挙げられます。

　そこで本章では、従業員がいかにしてチームによる健康増進施策に参加するようになったのか、いかに取組みを継続することができたのかについて従業員側の視点に立ちながら記述していきます。そして、これらのポイントを踏まえて、従業員の参加率を高めるために推進者側が考慮すべきいくつかのchipsを紹介したいと思います。

9.1　ＪＴＢベネフィットの事例

9.1.1　参加状況の詳細

①全体の参加状況

　ＪＴＢベネフィットでの調査結果を集計したところ、すでに述べたように多くの従業員が熱心に取り組んだという結果が得られました。具体的には、毎日欠かさず参加した人およびほぼ毎日欠かさず参加した参加者の合計が66.1％でおよそ3分の2に達するという結果です。週に3日程度参加した人も合わせると全体の81.0％にも及びます（図表9−1）。例年の安全・衛生に関する活動への参加が限られていたことを踏まえれば、従業員が大幅に

プロジェクトに参加するようになったことを示しています。

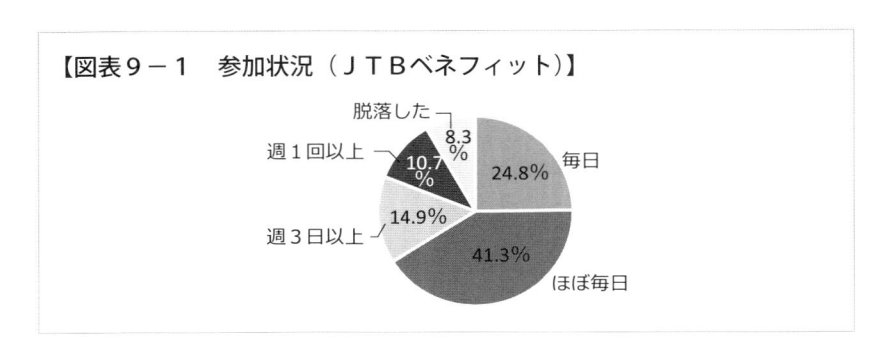

【図表9-1　参加状況（JTBベネフィット）】

　健康への意識や運動頻度は実際に変化したのでしょうか。集計した結果、健康増進活動の期間中、多くの従業員が健康を意識する機会や実際に運動する機会が増加したと回答しています。具体的には健康増進活動を開始する前と比べて健康を意識する機会が増加した人が、とても増加した人と少し増加した人の合計で87.6％に上っています（図表9-2）。また意識するだけでなく実際に運動する機会も、とても増加した人と少し増加した人の合計で62.0％に上っています。少なくとも健康増進施策に取り組んでいる期間については、社内の多くの従業員が健康について意識した生活を過ごし、半数程度の従業員は通常よりも運動する機会を増加させたことになります。このような結果から、本調査で実施した健康増進活動は、従業員に健康を意識させたり、健康行動を促進したりする上で一定の効果があったといえるでしょう。

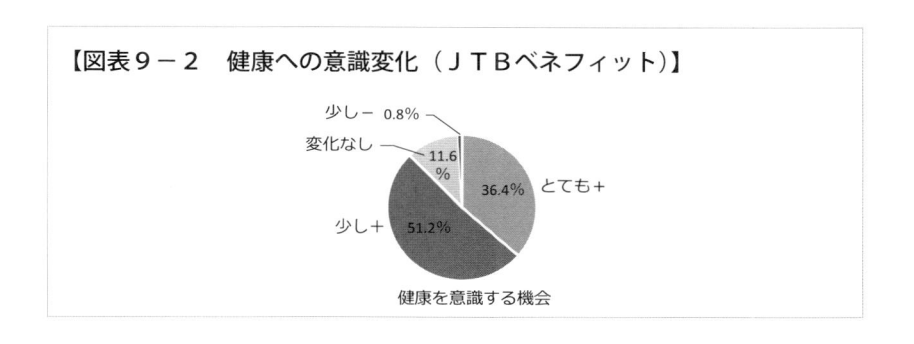

【図表9−2　健康への意識変化（JTBベネフィット）】

少し− 0.8%

変化なし

とても＋ 36.4%

少し＋ 51.2%

11.6%

健康を意識する機会

②属性別の参加状況とその違い

　HHHの会では、従業員の属性によって健康増進への意識がずいぶんと異なることが指摘されました。とりわけ、もともと健康や運動に関心がない人、今のところ体の不調を感じている割合が低い若年層を巻き込むことが難しいのではないか、という懸念がありました。こういったプロフィール別の参加状況に違いはあったのでしょうか。

　まずJTBベネフィットでは、年齢による参加状況の度合いに若干の違いが見られました。途中で脱落したり、SNSへの参加が週に1回程度の従業員が20代30代でともに25％に上っており、15％以下だった40代50代と比べて高い値になりました。

　次に、JTBベネフィットでは職種による参加状況にもある程度の違いがみられました。具体的には、営業職で途中離脱する割合が高いこと、そしてそもそも参加する割合が少ない従業員も多いことがわかりました。営業職は社外を移動していることが多く、その結果同じ時間にPCの前にいることが少ないため、今回のようにSNSを活用して記録するという方法は取り組みづらいものだったかもしれません。

　最後に週3日程度の運動習慣があったかどうかに注目して集計を行いました。JTBベネフィットでは、もともと運動習慣があった人の割合は30％弱で日本人の平均に近い値といえそうです。そして運動習慣があった人となかった人を分けて、今回のプロジェクト期間中週3日以上SNSに参加した

人の割合を比べてみました。もともと運動習慣のあった人の場合は75.0％であったのに対して運動習慣のなかった人の場合は83.2％でした。また健康意識の変化についても「とても増えた」と「少し増えた」の合計が運動習慣のあった人では84.4％であったのに対して運動習慣のなかった人では88.7％でした。どちらも運動習慣のなかった人の方がやや上回る結果となりました（図表9－3）。ＪＴＢベネフィットの取組みでは、もともと運動習慣がない人もうまく活動に巻き込むことができたといえそうです。

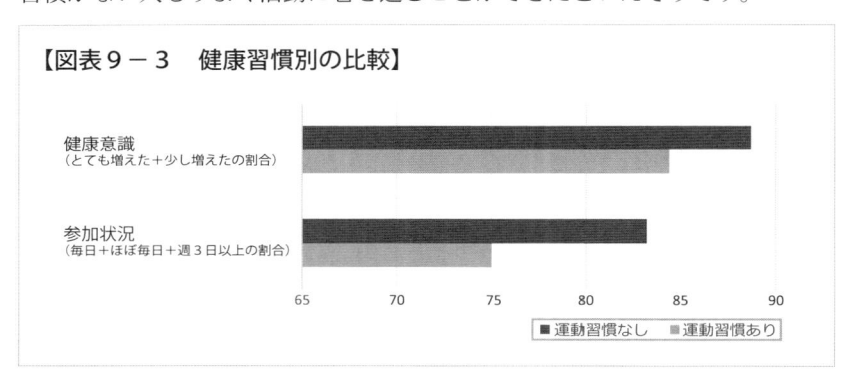

【図表9－3　健康習慣別の比較】

③参加状況のまとめ

　ＪＴＢベネフィットでは、高い参加率を得ることができました。また単にＳＮＳへのアクセス頻度が高かっただけでなく、プロジェクト期間中実際に健康への意識が高まったり、運動の機会を増加させたりした人の割合も多いという結果でした。ＨＨＨの会で取組みを実施した15の組織の中でも、非常に「盛り上がった」取組みの1つだったといえるでしょう。

　このような背景には、もともと運動習慣のなかった人を幅広く巻き込んだこと、巻き込んだ人をより一層熱心に活動するように促せた、ということがありそうです。

9.1.2　運動習慣のなかった参加者を増やす実践方法とは

　ＪＴＢベネフィットでは多くの人が熱心に取り組みました。しかし、もともと健康に関心が高く、健康習慣や運動をすることに熱心な人が多かったということではありませんでした。もともと健康や運動に関心のない人も今回の施策には参加し、熱心に取り組んだとしたら、それはなぜなのでしょうか。これらの人々はプロジェクト期間中どのようなきっかけで変化し、参加の輪が広がっていったのでしょうか。

　このような変化のプロセスについては、質問票調査だけでは十分に理解することができません。そこで、一連の施策を終えた後の 2017 年 2 月（施策実施後 3 カ月程度が経過したころ）に推進担当者と施策に参加した従業員計 5 名にヒアリング調査を行いました。

　調査の結果まず明らかになったのは、最終的に熱心に活動をしたチームのメンバーたちであっても、意欲が最初から高かったわけではなかったということでした。そして、いくつかの要因の影響を受けながら徐々に意欲を高めていったことがわかりました。以下では、意欲を喚起・維持する原因となった 5 つの要因を紹介していきます。

①社長の本気度

　従業員の参加意欲を高めた大きな要因の 1 つ目として、社長の本気度が社員に徐々に伝わっていったことが挙げられます。ＪＴＢベネフィットでは、経営陣も全員プロジェクトに参加していました。運営側は、社長が朝礼の訓示で何度もプロジェクトに触れたことが大きかったと考えています。単に健康が大事だというメッセージを発するだけでなく、多忙な社長や経営陣が同じ施策に時間を割いて取り組んでいるという姿を見せること、活動から気づいたことを発信することで、従業員は徐々にこの活動を会社が本気で取り組んでいるということを感じるようになったようです。

　ただし一方で、社長の発言ですべての従業員が急に取り組み始めたわけで

はありません。それぞれの従業員はそれぞれ異なるタイミングで徐々に施策に関心を持つようになったこともヒアリング調査から分ってきました。例えば、上述した社長の発言は、社長や経営陣と同じチームで活動している従業員や管理職にはある程度強い影響を与えたようでした。しかし、社長や経営層とは異なるチームで活動する他の多くのチームの従業員、特に若手社員に対しては効果が限定的であったようです。後に熱心に取り組むことになるある若手社員はスタート時点ではそれほど関心を持っていなかった上、社長がやっているかどうかについてもそれほど関心はなかったと正直な気持ちを語っています。

　このように、社長や経営陣の熱心な参加は役職者を巻き込んでいくことや多くの部門を巻き込む全社一体となった取組みを展開する、という点では有効ですが、それだけで十分に若手までを巻き込めるようになるわけではないのかもしれません。

Chips 1	本気を伝える社長の実践「報告」

　せっかく社長や経営陣が施策に参加しても、その取り組み状況が社員に対して伝わりにくい状況だと同じ取組みに参加してもらっている効果が半減します。

　取組みをスタートする前に社長に声掛けをしてもらうこともももちろん有効ですが、実際に取り組んでみての感想や、社長や経営陣自身が健康習慣に取り組むためにどうやって時間を捻出しているのかなど、施策の途中で素直な感想を朝礼や社内報で社員に語ってもらうことの方がより有効かもしれません。

②非日常なコミュニケーション

　2つ目に、非日常なコミュニケーションが参加意欲を強める要因として働いたことがわかりました。ＪＴＢベネフィットは 200 名程度の規模の会社で、一般の社員が社長や取締役と個人的な話をする機会はほとんどありませ

ん。また若手が他部門の役職者と話すような機会もそう多くはありません。そのような役職者と同じチームになった若手従業員にとっては、ＳＮＳ上で役職者と他愛ない会話をしたり、自分の投稿に対してスタンプを送ってくれるという何気ないけれども、非日常なやり取りが意欲を喚起する要因となっていたようです。

　このような斜めの関係（一般社員と他部門の役職者との関係）のコミュニケーションが促進要因となるためには、今回のプロジェクトのコミュニケーションが普段の職場でのコミュニケーションとは少し違うタイプのものである、ということが演出されなければならないようです。あるチームでは役職者がＳＮＳ上ではあえてビックリマークや顔文字絵文字などを用いたことが効果的だったようです。普段とは異なるコミュニケーションスタイルをとることで、通常よりも一歩踏み込んだコミュニケーションをとることが可能になったと実感しているメンバーがいました。チームによっては、プロジェクトのキックオフ時や終了後に食事会を開くなどといったつながりがリアルの場面でも実現していました。

　もちろんこのような斜めの関係には「うざったい」部分がつきまとうのも事実です。したがって、すべてのチームでうまくいったわけではありませんでした。３つ目のポイントとも関係しますが、チームによってはＳＮＳ上でも役職者との距離が縮まらないケースもあったようです。また役職者がけん引しすぎることでかえって他のメンバーが積極的に参加できない、という状況になることもあります。このような「○○さんまかせ」の状況では、プロジェクト期間を継続するだけの意欲にはつながりません。役職者や年長者がフラットにコミュニケーションを取ってよい場なのだ、ということを効果的に示すと共に、徐々に双発的なコミュニケーションの場に移行していくようにふるまえるとよいのかもしれません。

　ただしいずれにせよ、このようなＳＮＳ上の適度なコミュニケーションの取り方や距離感の取り方については俗人的なスキルによる部分も多く、施策として展開する時にはマネジメントが難しい要素ともなりそうです。

Chips 2　チーム作りにも多様性を

　手上げ方式で参加者を募る場合には、多様性の高いメンバーでチームを作って応募した場合にボーナスポイントを支給するなどの工夫をしてもいいかもしれません。例えば多様な職種で構成されたチーム、多様な年代で構成されたチームは最終ポイントを1.1倍する、などです。普段からよく会話している仲良しチームで取り組むことにも意義はあります。しかし、普段はなかなか話さないメンバーや一歩踏み込む機会のないメンバーで取り組むことで鮮度の高いコミュニケーションが生まれやすくなります。また、年代の違うチーム作りを推奨することで若手の巻き込みもできるかもしれません。

---

③チームビルディング

　3つ目に、アイスブレイク時のチームビルディングの成果が強く影響していることがわかりました。チームビルディングがうまくいくことによって、異なるメンバーが話題を提供しやすいチーム状況になり、多くのメンバーが積極的に参加しやすくなったというものです。

　ＪＴＢベネフィットでは、プロジェクトのキックオフのタイミングでチームのアイスブレイクとしてチーム名を決めるという一律的なチームビルディング課題とその課題を進めるためのリーダーの指名を行っていました。こういったアイスブレイクやその際のリーダー役の指名は効果的でしょう。

　ただしヒアリング調査によると、最終的に好業績を残したチームの多くでは、プロジェクトに取り組むプロセスで最初に指名されたリーダーとは異なるメンバーがリーダーシップを発揮する局面が発生していました。100日という長い期間を乗り切るためには、このように場面によって違うリーダー（いわば、日替わりヒーロー、ヒロインのような存在）が出現することが重要です。そしてこのようなリーダーが生まれやすい素地を作るという意味でもアイスブレイクは重要そうです。アイスブレイクやチームビルディングがうまくいき、多くのメンバーが発言しやすいチーム状況ができていたからこ

そ、多くの従業員の積極的な活動が可能になります。

　ＪＴＢベネフィットで上位入賞を果たした優秀チームの中に「meat で meet」というチームがあります。このチームの場合、プロジェクト開始時にはそれほど活発に活動していなかった若手社員が、後半では積極的に話題提供するようになっていました。例えばメンバーが職場近くのレストランで食べたランチのサラダを共有したり、それぞれが新しく買ったドレッシングの情報を共有するといったコミュニケーションを通じて野菜を食べる習慣がチーム全体として促進されていくというようなやり取りが熱心になされたようです。リーダーシップの連鎖が起こること、連鎖が起こりやすい状況作りをアイスブレイクで作っていくことが有効だと思われます。

④謎解き的要素への気づき

　4つ目にゲーム的要素に気づくことによって熱心に取り組むようになったという声が聞かれました。ヒアリング調査の結果、ＳＮＳを通じたコミュニケーションをいかに「点数化」していくか、というような共通施策のコンテンツに埋め込まれたゲーム的要素が有効であったことがわかりました。今回用いたサービスでは、単に個々人が健康習慣を実施し、それをＳＮＳ上で報告するだけでは十分に点数化されない仕組みになっています。健康習慣に取り組んだことをメンバー間で共有し、チーム内でコミュニケーションを取ることが重要視されているからです。

　今回のプロジェクトでは、このような「点数化の方法」を解読していくことの面白さに気づいたチームとそこまで至らなかったチームで活動状況に大きく差が出たようでした。そしてこの面白さに気づいたチームは徐々に活動に熱中し、健康習慣を「手段」にしてコミュニケーションを増やしていったようでした。コミュニケーションの増加はＳＮＳへの参加意欲を持続させますし、結果的に健康習慣の実施を促したと考えられます。

　運営側としては、こういったゲーム的要素をキックオフ時にそれとなく知らせておくことで、今回のＳＮＳは単に施策に取り組んでいるかどうかを

チェックしたり報告したりするものとは違う、ということを伝えておくとよいのかもしれません。

⑤競争意識

　5つ目に、ランキング形式による競争意識の醸成があげられます。今回のＪＴＢベネフィットの取組みで最終的にランキング上位に入ったチームは、キックオフ直後から活動が活発化したチームが多かったようです。しかし、そのようなチームもプロジェクト期間中ずっと意欲が高い状態を持続できていたわけではありませんでした。私がヒアリングでよく耳にしたのは「100日というのは結構長くて」という言葉でした。100日間の取組みの間に、ほとんどの人は意欲が低下する時期を経験します。そのような意欲が低下している時期を乗り越えるきっかけとなったのが、競争意識だったようです。例えば、途中で活動が活性化してくるチームがあると、ランキングに変動が生じます。そういった場面で、現在のランキングを守るために頑張ろう、というような声掛けがチーム内で生じ、メンバーの意欲が再度高まったという声が聞かれました。

　反対にあるチームはプロジェクトの序盤は全く活動していなかったものの、活動を通じてランキングが上がる仕組みに面白みを感じるメンバーが増えたことで活動が活発化するようになりました。その結果、中盤以降に急速に順位を上げていき、結果的に3位に食い込むことに成功しています。ランキングが上昇し、他のチームを「抜いていく」ということが参加意欲を高めたとも考えられます。ＪＴＢベネフィットでは、40チームで実施しているがゆえ、このような競争意識も醸成されやすく、参加への意欲を高めることに有効に働いていたように思われます。

　なお競争意識がもたらすデメリットについても、ヒアリング調査で聞かれました。ＪＴＢベネフィットの事例では、アイスブレイクに手間取り、スタートダッシュで出遅れてしまったチームもありました。こういったチームでは、最初の数週間でランキングが圧倒的に下位になってしまいという現象が起き

てしまいました。施策の趣旨からすると、上位入賞とは関係なく健康習慣に取り組んでほしいところですが、ランキング形式があることでメンバーの関心がランキング上位を目指すことに偏りすぎてしまい、「もう無理だ」と参加意欲を低下させてしまう原因となった、という言及も聞かれました。また熱心に取り組んだチームの中には、健康というコンテンツへの意識よりもポイントを稼ぐ点にのみフォーカスしてしまった、という反省を述べるメンバーもいました。競争意欲をいかに活用するのか、副作用的な反応をいつ頃まで、どの程度まで許容していくのかについては、「見えない仕組み」を検討するプロセスで推進担当者がある程度事前にスタンスを決めておく必要がありそうです。そして、状況を見ながら柔軟に対応していく必要があるでしょう。

Chips 3	飛び賞の設定で最後まで可能性を

　優秀チームにインセンティブを付与する場合には、上位チームに加えてブービー賞や5位10位などを対象とする「飛び賞」などを用意するとよいかもしれません。スタートダッシュに失敗したチームでも、もしかしたら何かもらえるかもしれない、というチャンスを残すことになりますし、「賞を目指して頑張ろう」というようなコミュニケーションを生むきっかけになります。

⑥まとめ

　このようにＪＴＢベネフィットの事例からは、従業員の意欲を高める要因として5つが挙げられました。これらは共通施策そのものに関連するものもあれば運営方法に関係するものもありました。ただしある時点で効果的な何か1つの要因があるというわけではないようです。またその要因がすべての人に効果的に働くというわけでもないようです。いくつかの要因がその都度その都度効果的に働いた結果、多くの従業員を巻き込むことにつながったと考えられます。

　健康増進に取り組もうとすると（お子様に勉強を頑張ってもらいたいと考える時もそうかもしれません）、ついつい「健康そのもの」の価値を感じて取り組んでもらうことを重視しがちです。もちろん、健康そのものの価値に従業員自身が気づき、自発的に取り組んでもらうことが最終的な目標であることは、間違いありません。しかし、頭では分っていても取り組めない人や、そもそも関心がない従業員にもその価値に気づいてもらいたい、という時には、もう少し柔軟に考えてもよいのではないかと思います。すなわち、最初はご褒美目的でも良いし、みんなでワイワイ取り組むのが好きだから、という理由でもよいのではないか、ということです。まず一度は、従業員が様々な意味で「健康増進活動をやった方が良さそうだな」「やりたいな」と思うこと、思わせることが参加に繋がります。参加の入り口はどのようなものであっても、参加後に健康増進に取り組む意義に気づかせることができれば、施策が終わっても自発的に継続してくれたり、次回以降の施策にも取り組んでくれたりするはずです。

9.2　鎌倉市役所の事例

9.2.1　参加状況の詳細

①全体の参加状況

　つづいて鎌倉市役所の取組みについても、参加状況について集計を行いました。その結果、ＪＴＢベネフィットには及ばないものの、ある程度高い参加率を得られたという結果が得られました。具体的には、毎日参加した人がおよそ25％、週3回以上ログインしたと回答した人も合わせると全体の40％程度の人が施策の期間中定期的にかつ継続的に取り組んだといえそうです（図表9－4）。

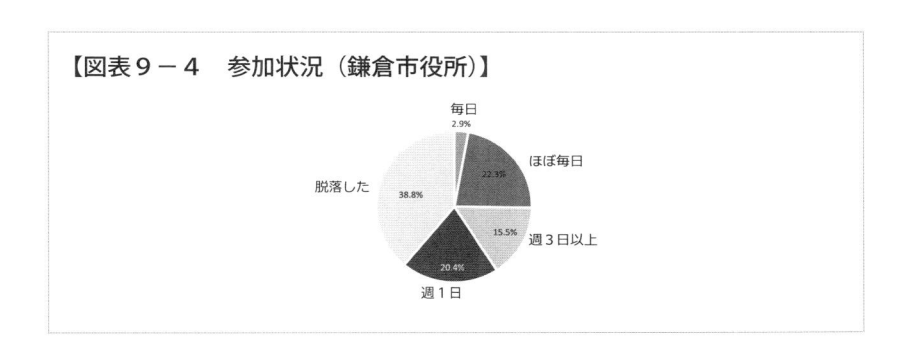

【図表9－4　参加状況（鎌倉市役所）】

健康への意識や運動頻度の変化についても集計したところ、ここでも多くの従業員が健康を意識する機会や実際に運動する機会が増加したと回答しています。具体的には健康増進活動を開始する前と比べて健康を意識する機会が増加した人が、とても増加した人と少し増加した人の合計で83.8％に上りました（図表9－5）。また意識するだけでなく、実際に運動する機会が増加した人も、とても増加した人と少し増加した人の合計で65.0％に上っています。この結果から、本調査で実施した健康増進活動は、従業員に健康を意識させること、また健康を意識させることを通じて運動の機会を増加させる上で一定の効果があったといえるでしょう。

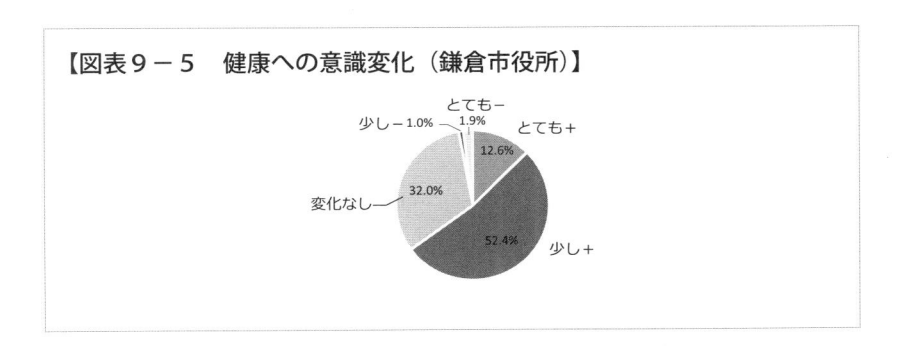

【図表9－5　健康への意識変化（鎌倉市役所）】

②属性別の参加状況とその違い

　プロフィール別の参加状況は以下のような結果になりました。まず、年代別にＳＮＳに週３日以上参加した割合を導出してみた結果、30代がやや低い値を示しているものの、年代による大きな違いはみられませんでした。また健康意識の変化に関する集計結果も同様、年代による変化はみられませんでした（図表９－６）。言い換えると若手をうまく巻き込みながら取り組まれたといえるでしょう。

　次に、運動習慣の違いによる参加状況や健康意識の変化の割合について集計を行いました。その結果、週３日以上ＳＮＳに参加した人の割合は運動習慣のあった人は 45.2％、なかった人は 40.1％と若干あった人が多く参加しているように見えます。一方で健康意識の変化については、「とても増えた」と「少し増えた」の合計が運動習慣のあった人が 64.5％であったのに対して、運動習慣のなかった人は 65.8％とほぼ同じ程度の結果となりました。ＳＮＳ上では運動習慣のあった人が活性化に貢献し、運動習慣のなかった人にも良い影響が波及したと解釈できるかもしれません。

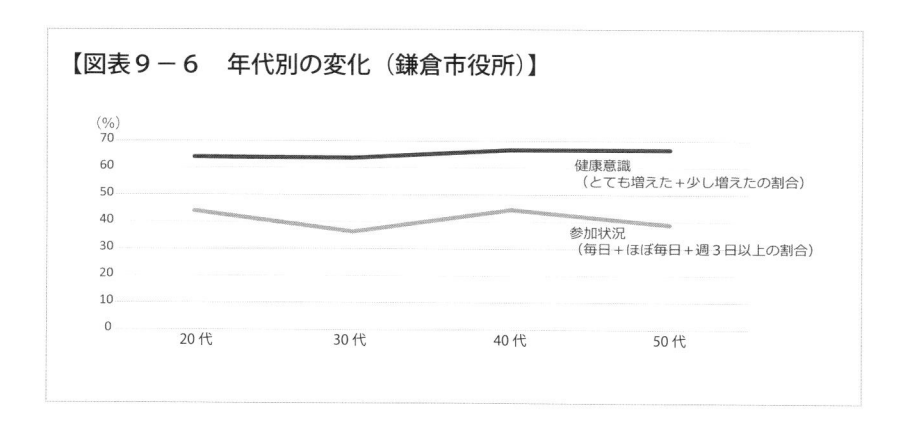

【図表９－６　年代別の変化（鎌倉市役所）】

③参加状況のまとめ

　鎌倉市役所の取り組み状況を概観すると、ある程度高い参加率が得られ

ました。しかしこれはＪＴＢベネフィットほど高い参加率ではありません。ＪＴＢベネフィットが様々な工夫を活用した「盛り上げ型」の導入アプローチをとっていたとすれば、鎌倉市役所の場合は、「盛り上げ『ない』型」の事例といえるでしょう。そして「盛り上げ『ない』型」でも従業員にとって活用しやすいツールを使い、活動しやすい状況を作ることで、ある程度高い参加実績が得られた事例だと解釈できます。

　また、さらに興味深いことに鎌倉市役所では世代など属性による参加率の割合の差はほとんど見られませんでした。若手をうまく巻き込めたことがこのような結果に結びついたと考えられます。

9.2.2　若手を巻き込む実践方法とは

　厚労省による平成27年国民健康・栄養調査結果の概要によると、運動習慣のある者の割合は男女ともに30代が最も低い値となっています。またＨＨＨの会でも健康施策に対する若手の巻き込みの重要性と難しさは懸念されていました。鎌倉市役所の取組みではなぜ、このような違いが出なかったのでしょうか。

　若手がどのような気持ちで活動していたのか、若手と一緒に活動していた年長者はどのように活動していったのかについて鎌倉市役所でもヒアリングを行いました。対象者は、推進担当者として総務部の担当者と産業看護職、加えて活動状況が上位であったチームと中程度であったチームのメンバー（4チームに所属する計6名）です。

　ヒアリング調査の結果からは、チーム形式を取り入れたことに起因する3つの要因が影響を及ぼしたのではないかと思われました。以下ではそれぞれを説明していきます。

①職場の巻き込み

　1つ目は、職場内チーム編成の影響です。鎌倉市役所では、ＪＴＢベネフィットと違い職場内のメンバー同士でチームを結成して活動しています。

そのため活動が活性化するかどうかは（これはメリット・デメリット双方ありますが）、チーム内の上司や年長者の声掛けが強い影響を与えていたようでした。そのため、年長者が活動している場合には、若手もやらざるを得ないという状況が生まれた可能性が考えられます。このような状況はＪＴＢベネフィットでも生まれる可能性はありますが、メンバーが直属の上司や年長者の場合とそうではない場合とでは影響の質が大きく変わってくることが予想されます。鎌倉市役所では、同じ職場の上司や年長者が取り組んでいるので、自分達も取り組んだ方がよいのではないか、というような意欲が強く喚起された可能性があります。

②コンテンツの遊び要素

　２つ目は、先にも触れたとおりコンテンツそのものに込められた遊び的要素です。ポイントを獲得していったり、ＳＮＳでコミュニケーションを取ること、などの要因が若手の参加を促すという意味でも特に有効な要因となったようです。

　もちろん、大勢で取り組んでいれば、中には健康習慣は必ずしも十分に取り組むわけではなく、仲間とやり取りをしているだけ、というメンバーがいることもあるでしょう。しかし、そういったメンバーも含めて、健康習慣を実施するという活動に触れてもらうこと、情報に触れる機会や場所を作り出すという意味でコンテンツそのものの魅力が重要だといえそうです。

③協働を通じた気づきの誘発

　３つ目の要因は、若手が年長者と活動することである種の気づきに繋がったり、危機感を感じたことが挙げられます。鎌倉市役所で私がインタビューを行ったメンバーは、スポーツをする習慣のあった女性であったり、食事に気をつけている男性であったりと、もともと健康への意識が高い職員も一定数いました。一方でそうでない職員もいました。

　後者のような職員の中には、今回の施策に参加して活動を続けていく中で、

健康への危機感が醸成されたケースがあったようです。ある若手職員は、年長者の熱心な活動を見て、健康に気をつけている人と自分の違いに気づいたと述べていました。あるメンバーは独身者や若手ほど飲み会や遊びなど生活習慣が不定期なイベントに左右されやすいこと、年長者の方が生活が安定しており健康習慣にも取り組みやすい生活を送っていることに気づいたと述べています。年長者と活動を共にすることで気づきを得て、自分の生活を見直すきっかけとして働くこともあるでしょう。

Chips 4	健康「習慣」への気づきを質問で

　若年の従業員は「現時点では『健康』」でも「健康な生活習慣」はしていないことがあります。そして、多くの若手の従業員は、この2つの違いを理解していません。施策の実施後などに、あえて「自分は現段階で健康だと思うか」といった「状態」の質問と、「自分は健康な生活習慣を実行できていると思うか」といった「習慣の実行」や「行動」についての質問をしてみることで、両者の違いに気づく従業員が増えるかもしれません。施策の後に実施する質問は効果を把握するためにも使えますが、このように、従業員に気づきを与えるために使うこともできるでしょう。

④まとめ

　このように、鎌倉市役所で世代を超えてみんなが参加した、という点に関していえば、職場で取り組んだという理由が大きそうです。その意味ではＳＣＳＫにみられた「組織の論理」あるいは「やらざるを得ない」という心理状態を部分的に活用した取組みともいえそうです。組織の論理に端を発した取組みが、「気づき」に繋がっているという言及が得られている点は興味深いと思います。こういった気づきが生じることで最初は強いられてはじめた活動がプロジェクト期間中に自発性を伴う活動へと変化していくからです。

9.3　2つの取組みのまとめ：施策に従業員を巻き込むには

　ＪＴＢベネフィットと鎌倉市役所の取組みは、どちらも成功事例といえます。しかしその運用方法は、かなりの違いが見られました。ＪＴＢベネフィットでは、組織全体としての「盛り上げ」を通して、多くの参加を促していました。一方鎌倉市役所では、一見すると派手な盛り上げには取り組まず、職場内で粛々と進められたように見えます。しかしそれは決して無策だったわけではなく、職場内チームに内在する組織の論理を活用した取組みだったと解釈することができそうです。もちろん、このような方法は職場内の上司や年長者の参加意欲に職場全体の参加意欲が依存してしまう可能性も否めません。しかし公式的な経路で依頼すれば基本的には取り組んでくれる人が多い、という市役所という組織の特性を踏まえれば、最も適したアプローチなのかもしれません。

　施策に従業員を巻き込む際の方法にはいくつかのパターンがありそうです。従業員に対して積極的に様々な働きかけを行いつつ「取り組んだ方が得だ」とか「面白そうだ」といった従業員の様々な「やりたい」を高める方法、組織の論理をうまく取り入れて「やらざるをえない」を醸成する方法、加えて、施策に参加しやすい状況設定（例えば、直属上司の理解や支援を促す）や健康増進活動に取り組みやすい環境設定（社内に施設や設備を整える、必要な道具を貸し出すなど）といった「やりやすい」を高める方法。これら3つの心理をうまく引き出すような仕掛けを取り入れていくことが重要なのではないでしょうか。

　「やりたい」アプローチは、無関心層に効果的です。健康診断に問題がない人、若い人の大部分は健康施策と聞いても自分には関係ないと思っています。こういった人に、健康増進に取り組むとお得なことがありますよ、ということを伝えていくことで関心を持たせ、取組みを開始する手助けをすることができます。ちなみにこの「お得」にはいろいろあって、金銭的なインセ

ンティブの場合もあれば、みんながわいわいやっていて面白そう、というような場合もあるでしょう。

　「やらざるを得ない」アプローチは、反対派の人も巻き込む際に効果的です。本来は健康の重要性を理解している人でも、仕事の負荷が大きい時には、「それどころではない」「今は無理だ」と考えてしまう時期があります。そういった人にも、取り組んでもらいたいと考える場合には、このアプローチを取り入れることが有効です。本人も初めは不本意かもしれませんが、効果を体感することで後々にその意義に気づいていくことになるでしょう。

　「やりやすい」を活用するアプローチは、健康増進に既に高い関心を持っている従業員に効果的です。意欲はあっても、日々の仕事が忙しいとか、ついつい後回しになってしまう、という人はいるものです。こういった人が取り組む際のハードルをなるべく低くしてあげて、健康増進を後押ししようというものです。

　本書で紹介したＪＴＢベネフィットや鎌倉市役所は、これら３つのアプローチの１つもしくは複数を適切に混ぜながら、施策を展開していたように思います。また第Ⅱ部で紹介した先進事例もしかりです。フジクラは「やりやすい」を中心に「やりたい」となるような工夫を取り入れているようです。ＳＣＳＫは３つのアプローチを効果的に用いていますが、「やらざるをえない」も積極的にとりいれている点が特徴です。ただし、現在では、「やらざるをえない」アプローチ中心から「やりたい」アプローチ中心に舵を切りつつあるようです。ＳＣＳＫの例からさらに学ぶとすれば、従業員を「どのように」巻き込んでいくのか、という「見えない仕組み」は新しく施策を開始する企業だけでなく、施策を展開し続ける限り、常に問い直さなければいけないのかもしれません。本書で紹介した「どのように」や、より具体的なchipsが実践の中で繰り返し問い直され続けることを期待したいと思います。

第Ⅳ部

展望編 ウェルビーイング経営を
いかに浸透させるか

　ウェルビーイング経営は単発のイベントとして取り組むのではなく、様々な施策を継続・体系的に取り組むことで初めて実現されるマネジメントだといえます。

　そこで第Ⅳ部では、ウェルビーイング経営をいかにして組織全体に浸透させていくのかについて展望します。1つの方向性は、体系的な施策を重層的に展開すること、これらを通じて従業員の中にウェルビーイングを重視する風土を作り出し、共有していくことです。

　ウェルビーイング経営を組織全体に浸透させていくためのもう1つのキーワードはリーダーシップです。ただし本書で注目するのは、これまで強調されてきた経営トップのリーダーシップだけではありません。本書は、トップのコミットメントが得られたとしても、ウェルビーイング経営を推進するのはそれほど簡単ではない点に注目してきました。ここでも、推進担当者のリーダーシップに注目しつつ、リーダーシップとその背後に想定されている知識について紹介していきます。

第 10 章　ウェルビーイング経営の展開

　第 10 章では、まずこれまでの議論を踏まえて安全衛生の施策を基軸にしつつ、これらの施策を重層的に展開していく方向性を紹介します。

　次に、キャリア開発の観点から取り組むウェルビーイング経営のキーワードとしてジョブ・クラフティングという考え方を紹介します。その上で、ウェルビーイングを重視する風土をいかに作り出すのかについて、組織と従業員の間で生じるであろう期待の再編成について紹介します。

10.1　ウェルビーイング経営のローカル展開

　ウェルビーイングを組織全体に浸透させるためにはどのような展開が必要なのでしょうか。本章では、まず第Ⅱ部と第Ⅲ部で注目してきた安全衛生の施策をさらに拡充していくという観点から考えられる方向性を紹介していきます。

　第 1 の方向性としてローカル施策の併用が考えられます。ウェルビーイング経営におけるローカル施策とは健康層の従業員グループをさらに分けて、そのグループに適した取組みを実施していくというものです。代表的な分け方としては地域ごと、事業所ごとといった働き方や場所の違いを踏まえた取組みの展開です。もちろんこの視点をより細分化していけば事業所内の職場ごと、あるいは職種別の課題への取組みといったものも想定されます。

　本書で扱ったポピュレーションアプローチでは、組織に所属する全社員を対象とした取組みを展開することがまず想定されています。そのため現代社会で働く従業員が一般的に直面しているような課題を設定することになります。特定の職種や特定の地域のみにあてはまる問題を全社的に扱っても多くの従業員にとっては関係がないため効果も顕在化しづらくなりますし、なに

という単純な関係ではなさそうです。役職や給与を超えて、自分の価値観や
働きがいにフィットした（職業）生活を実現していくことが重要だといえる
でしょう。ただし、組織で働く以上、自分の思い描いたとおりのキャリアを
積み上げることは困難です。そのため経営学におけるキャリアの研究でも、
組織から与えられたり、選抜されたりする側面と自分で選択し、つかみ取る
側面の双方が強調されてきました。従業員のウェルビーイングはこのような
両側面の折り合いをつけながら主体的なキャリアを歩むことを通じて実現で
きると考えられます [109]。

　従業員に主体的なキャリアを歩んでもらうために組織はどのような取組み
ができるのでしょうか。1 つは、キャリア研修やキャリア面談などの実施を
通じて従業員のキャリア形成に関する意識を高めることができそうです。

　またキャリアカウンセリング等の機会を提供することで、キャリアについ
て振り返る機会を提供することができると考えられます。働き方が多様化し
てきた昨今、キャリアの問題は一人ひとりの従業員にとって「考えるべき」
重要な問題になりつつあります。しかし、忙しい毎日の中で、ついつい後回
しにしてしまう問題でもあります。組織側からキャリアの問題について考え
ざるを得ない機会を提供することも有効でしょう。

　一方で、キャリアカウンセリングなどを通じて仕事でやりたいこと、得意
なこと、関心があることが明確になってきた従業員には、日々の仕事生活の
中で、その価値観を実現していくよう促していくことが重要です。すでに述
べたように、職場には職場の事情があり、やりたいこと、得意なこと、関心
があることだけを取り組むことはできません。しかし、やりたいことをでき
るように準備を始めること、自分の業務のなかに関心があることや得意なこ
とを取り込んで、より充実した仕事生活へと少しずつ変えていくことはでき
るかもしれません。

　このように従業員自身が仕事の範囲ややり方を少しずつ変えていく取組

109　Schein, E. H. (1978) *Career Dynamics*, Addison-Wesley Publishing Company,（二村敏子・
　　三善勝代訳『キャリア・ダイナミクス』白桃書房 , 1991 年）

みとして、ジョブ・クラフティング[110] という考え方を紹介します。ジョブ・クラフティングを一言で説明すると従業員が仕事の範囲ややり方、仕事遂行に関わる人間関係を主体的に変更していくことです。ジョブ・クラフティングを行うことで、もともとはつまらない仕事ややらされ感にあふれていた仕事の中に従業員が意義ややりがいを見出すことができるようになるといわれています。例えばディズニーランドで働くカストーディアルをご存知でしょうか。カストーディアルは主としてパークの掃除を担当するキャスト（従業員）です。しかし、このカストーディアルの中には、掃除「だけ」を担当するのではなく、箒を使って床に絵を描くことを通じてゲストを喜ばせている人もいます[111]。

　このように自分に与えられた裁量の中で仕事のやり方を変えたり、新しい役割に取り組んだりすることは、一見すると仕事を大変にするように見えますが、仕事から得られる活き活きを増やす場合があります[112]。またジョブ・クラフティングを通じて自分の役割や能力を広げていくことはキャリア選択の余地を広げることにもつながっていきます。もともとは一般職で入社した従業員が、ジョブ・クフティングを通じて同じ会社の中で総合職として働くようになったり、より良い条件で他社に転職するようになったりするという事例も見られます。組織は従業員にジョブ・クラフティングという考え方を紹介したり、日々の仕事遂行場面で取り入れるように促したりすることを通じてキャリアを切り口としたウェルビーイング経営を一層進めることもできるかもしれません。

　従業員がジョブ・クラフティングを行うようになるために組織がどのよう

110　Wrzesniewski, A., & Dutton, J. E. (2001) "Crafting a job: Revisioning employees as active crafters of their work."*Academy of management review, 26*(2), 179-201.

111　森永雄太 (2015)「いきいきを生み出す仕事の作り方―ジョブ・クラフティングのエクササイズを通じて」島津明人編著『職場のポジティブメンタルヘルス　現場で活かせる最新理論』125-133, 誠信書房 .

112　森永雄太・鈴木竜太・三矢裕 (2015)「従業員によるジョブ・クラフティングがもたらす動機づけ効果―職務の自律性との関係に注目して」『日本労務学会誌』16(2), 20-35.

な取組みをすることが有効なのかについては、まだまだ知見の蓄積が必要な領域です。有望な方向性の1つは、集合研修やキャリア面談の場などを通じてジョブ・クラフティングの考え方をレクチャーしたうえで、実際の職場で実践できるように継続的にフォローしていくことが考えられます。

　ジョブ・クラフティングは、ポジティブメンタルヘルスの領域でも注目される考え方ですが、キャリア開発の文脈でも注目すべき考え方です。このような2つの領域で注目されつつある考え方を自社に適した形で導入し、浸透させていくことができれば、効果的に従業員のセルフマネジメントスキルを高めていくことができるでしょう。

　本章では、ウェルビーイング経営を浸透させるため、キャリア開発を切り口とした具体例を紹介しました。残念ながら本書ではこの観点からの取組みについては十分に紹介できておらず今後事例の蓄積や実践に関する知見の蓄積が求められる領域といえそうです。

　また、ウェルビーイング経営を組織に浸透させるための切り口としてキャリア開発以外の取り組み方も考えられると思います。様々な切り口を通じて従業員のウェルビーイングにアプローチすること、そのアプローチを体系的に取り組むことが重要だと思われます。

10.3　組織と従業員の期待の再編成

　ここまで述べてきたようにウェルビーイング経営を組織全体に浸透させていく際には、多面的で多層的な活動が欠かせません。特定の施策をある時きまぐれでやってみるだけでは、期待される効果を得ることはできません。腰を据えて取り組むことが重要だといえます。このような施策の展開と実践を通じて、従業員の中でウェルビーイングを重視する価値観が生まれ、風土として共有されていくと考えられます。

　ただし一方では、そのように腰を据えて取り組もうとすればするほど、組織が従業員のウェルビーイングに関与しようとすることのジレンマに直面す

るようになることも想定できます。すなわち、組織が自分たちのウェルビーイングを維持・増進するために気遣ってくれることはありがたいのだけれど、健康にせよ、キャリアにせよ、ウェルビーイングを維持・増進する行動をするように求められることは「うざったい」と感じるようになる可能性があります。

　組織は従業員のウェルビーイングにどこまで関与するべきなのでしょうか、どこまでであれば、関与することが正解なのでしょうか。残念ながらこの問題も唯一無二の正解を見出すことは難しい類の問題です。重要なことは、従業員のウェルビーイングに組織がどこまで関わるのかという点に関して、組織と個人の間で認識が一致しているということです。この点に関するすり合わせが行われない限り、就業時間を離れた時間帯の行動について組織が口出しをしてくること、何らかの期待をされることに「余計なお世話だ」とか「ほっといてくれ」といいたくなる人が出てくることになるでしょう。この種の「おせっかい」を組織がどの範囲で行うのか、個人側がどの範囲まで受容するのかという点において期待の再編成を行うことが必要になってきます。

　例えばＳＣＳＫの場合は、禁煙を含めて従業員が健康行動を推進することが強く期待されています。会社もそのための環境整備をはじめとする支援を行うほか、インセンティブの付与を行っています。これに対してフジクラは健康診断の受診など労働安全衛生法に明記された義務の遂行を強く求める一方で、健康習慣に取り組むのかどうかについてはあくまで自由意志に任せる、というスタンスを取っています。健康にまつわる情報の提供についても行ってはいるものの、あくまで緩やかなものにとどめているのが特徴です。

10.3.1　心理的契約のすり合わせ

　このようにウェルビーイング経営に取り組む先進事例であっても、何をどの程度従業員に期待するのかはまちまちです。一律に設定することはできま

せん。そこでどちらの企業も組織側と個人側でどこまでが義務で何を期待されているのかについて合意を形成していくことが重要だと考えているようです。フジクラの従業員への期待は法律の範囲内の義務の遂行で、それ以上の活動は個人の職務能力の向上としての健康維持・増進と捉えています。法律の範囲内の義務の遂行を超えて、就業規則の元でより多くの期待を従業員に求める場合には、組織と従業員の間で期待される貢献や行動についてすり合わせをすることが重要になってきます。しかし、ＳＣＳＫのように就業規則に従業員の健康や幸せについての記述が明記されていても、その具体的な期待をすべて書き出すことはできません。ここでの期待はどうしても明文化されていない期待とならざるを得ません。このような明文化されていない部分も含めた組織と個人の約束事について経営学の世界では「心理的契約」という概念で研究されてきました[113]。そしてこの心理的契約は入社時だけでなく、入社後の経験を通じて動態的に変化しすり合わせ（あるいは自己調整）が起こっている可能性が指摘されています[114]。仮にある企業が新たにウェルビーイング経営のような考え方を導入する場合には、就業規則がどのように変わったのかについて丁寧に説明する必要があるでしょう。その上で、会社側が従業員にどのような行動を期待するようになったのかという変化についても時間をかけて説明していく必要があるでしょう。

10.3.2　管理職の役割認識のすり合わせ

このような組織と個人の間の期待に関して認識を一致させていくプロセスでは、一従業員としてのすり合わせに加えて、管理職にどのような役割を求めるのか、という点における期待や役割認識のすり合わせも必要になるでしょう。ウェルビーイングに対する組織のスタンスによって管理職に求める

113　例えば、Rousseau, D. M. (1989)" Psychological and implied contracts in organizations."
　　Employee responsibilities and rights journal, 2(2), 121-139,　服部泰宏 (2013)『日本企業の
　　心理的契約―組織と従業員の見えざる約束（増補改訂版）』白桃書房

114　Hattori, Y. & Morinaga,Y. (2011) "Self-regulative changes in psychological contracts over
　　time." *Journal of International Business Research, 10*(3),19-34.

役割も変わってくるはずです。管理職の役割を自部門の業績管理だけにとどめる考え方もあれば、すこし広げて業績と業績を導くモチベーションの向上を役割に含める考え方もあるかもしれません。一方でメンタルヘルス不調の問題が深刻になってきた昨今では、メンタル不調者が出ないように気をつけること、万が一不調者が出た場合早期発見・早期対策や復職支援に関わることが優先順位の高い役割として認識に入ってきているかもしれません。最も積極的にウェルビーイング経営に取り組む企業では、自部署の従業員のウェルビーイング全体をマネジメントすることも管理職の重要な役割であり、評価の対象となるということもあるでしょう。ＳＣＳＫでは、わくわくマイレージの参加率について組織別の集計が行われ、経営トップが参加する会議における検討要因となっていました。そのため自部署の従業員に参加を促すことが管理職の役割であることが広く浸透しているということでした。管理職にこういった役割を求めるのか、従業員が健康習慣を取りやすいような支援や環境づくりを求めるのか、ここでも組織からの期待とそれに対する従業員の認識とをすり合わせていく必要があるといえるでしょう。

10.4 まとめ

　本章では、施策を組織全体に浸透・定着させていく上で発展的に展開し得るいくつかの可能性について紹介しました。具体的には組織全体を対象とした取組みに加えて、その地域・その職場に適した取組みを展開するローカル展開について紹介しました。

　また、健康以外の切り口を用いたウェルビーイング経営の展開について紹介しました。具体的にはキャリアカウンセリングやジョブ・クラフティングを通じたキャリア開発も従業員のウェルビーイングに寄与すること、これらを通じてウェルビーイング経営を進展させることができることを述べました。

　最後に、取組みを本当の意味で根付かせるためには、従業員と組織の間で

相互の期待そのものを再編成していく必要があることを指摘しました。我が社では従業員のウェルビーイングを重要だと考えています。そのため、おせっかいかもしれないけれども、こういう行動は強く求められますよ、いいですか。管理職になれば部下がこういう行動をとるように求めるのもあなたの仕事になりますよ、いいですか。こういった点について、一歩踏み込んですり合わせていくことが重要だといえるでしょう。このような明文化されない「暗黙の了解」についてのすり合わせは人事制度の策定と比べて困難で、時間もかかるものです。しかし、こういった暗黙の了解を形成していくことを通じてはじめて、従業員や現場にとってウェルビーイングを生み出す取組みの価値が認識されたり、取組みに参加することが当たり前になったりする風土が共有されたりするのではないでしょうか。

第 11 章　ウェルビーイング経営を推進するには

　ウェルビーイング経営を組織全体に浸透させるためには、様々な部門を動かし、協力を取りつけなければなりません。また現場の理解を得て取り組んでもらわなければなりません。そのためには、推進担当者が様々なスキルを兼ね備えている必要があります。

　最後の第 11 章では、ウェルビーイング経営を健康増進の切り口から推進する担当者を念頭に、ウェルビーイング経営を導入する際に求められる力について紹介していきます。

11.1　問題解決の自転車メタファーを超えて

　従業員が健康で活き活きと働くことに異議を唱える人はいません。しかし、実際の職場を覗いてみれば、労働時間を短くすることがそれほど簡単ではないことは明らかです。また仕事で疲れた帰り道にウォーキングをしたり、食生活で節制したりすること、長年慣れ親しんだタバコをやめることなども、それほど簡単なことではありません。ウェルビーイング経営のプロジェクト推進者が様々な勉強をして、正しい知見を社内で発信したとしても、必ずしも社内で受け入れられ、浸透するとは限りません。こういった問題に私たちはどのような力を活用して乗り越えればよいのでしょうか。

　問題解決しようとするビジネスパーソンに求められる力を説明する際に私は自転車のメタファーを用いることがあります。この自転車のメタファーは私がかつて勤務していた立教大学経営学部のビジネスリーダーシッププログラムで活用していたメタファーです。立教大学経営学部では学部生にビジネスリーダーシッププログラムを展開しています。その中で問題解決を進める

ためには専門知識に加えて、リーダーシップを発揮できるようになることが重要であるということ、両者を連動させることが重要であることを伝えるために、この自転車のメタファーを用いていました[115]。

そこで以下では、まずその自転車のメタファーについてウェルビーイング経営の推進に応用しながら解説していきましょう。自転車のメタファーでは、ウェルビーイング経営を導入するために推進部門に求められる要素として専門知識とリーダーシップに注目します。前輪はウェルビーイングの向上に関する様々な専門知識です。間違った知識に基づく取組みは方向性を間違えてしまうことがあります。ウェルビーイングに関する正しい知識なしには、意図せぬ副作用に悩まされる可能性があります。

もう 1 つの推進力がリーダーシップです。従業員個人や職場の中に、どれほどたくさんのウェルビーイングを高めるための知見や実践法が蓄積されたとしても、だれかのリーダーシップを伴わない限り、実践されません。リーダーシップが欠如していれば自社内で無視されてしまいますし、不十分なリーダーシップは組織の分裂やミスリードにつながります。組織の中にウェルビーイング経営を推進しようとするリーダーシップを発揮する人が現れてはじめて、様々なジレンマや問題を超えて実現することが可能になってきます。

このように専門知識とリーダーシップの両輪がウェルビーイング経営を推進する上で重要であるといえるでしょう。皆さんの会社では両輪をうまく活用できているでしょうか。もしかしたら一方は活用できているけど、もう一方は活用できていなかった、という人もいるかもしれません。自転車が前に進むためには、両輪が必要です。改めて自社の事例に引き寄せて考えてもらえればと思います。

しかしすぐに付け加えなければならないのは、このような両輪を用いたとしてもウェルビーイング経営を組織全体に浸透させるまでの道は険しく悪路

115　日向野幹也 (2013)『大学教育アントレプレナーシップ　新時代のリーダーシップの涵養』ナカニシヤ出版。PP.47 ～ 48

でありそうだということです。ウェルビーイング経営を実現するまでの道の
りは、都心の整備された国道ではなく、舗装されていない荒野のデコボコ道
なのです。自転車メタファーで乗り越えることが難しいウェルビーイング経
営への道にはどのような障害が待ち受けているのでしょうか。

11.2　専門性の落とし穴

　ここまで述べてきたように、ウェルビーイング経営を推進する１つの車輪
として、専門知識を高めていくことは重要だと考えられます。しかしウェル
ビーイング経営にとって、この専門知識は諸刃の剣でもあります。

　皆さんはサイロ・エフェクトという言葉をご存知でしょうか。サイロとい
う言葉自体が聞きなれないかもしれません。サイロとは、穀物を保存するた
めに農場に設置された高い塔のことを指します。近年では意味が転じて、他
から隔絶して活動するものを意味する用語として用いられているようです。

　私たちは専門性というサイロに慣れ親しみ、安住するプロセスで自分の専
門外のことへの関心が薄れ、組織全体の目標に関する意識が希薄になってし
まいます。時には自分がサイロの中にいることすら忘れてしまうこともある
ようです。結果として、私たちは組織全体が直面している重要な問題やチャ
ンスに気づくことができなくなったり、問題に気づいたとしても他のサイロ
の人と協働して問題解決する手段を持てなくなってしまったりすることがあ
るのです。

　フィナンシャルタイムズ紙のアメリカ版編集長のジリアン・テッド氏は、
2008 年の金融危機をきっかけに、なぜ現代組織で働く我々は後になってみ
れば愚かとしかいえないような意思決定をしてしまうのか、あるいは、我々
はなぜ自分が何も見えていないことに気づかないのか、という問いに対す
る答えとしてこのサイロ化の影響（サイロ・エフェクト）を指摘していま
す[116]。

---

116 Tett, G. (2015) *The silo effect: The peril of expertise and the promise of breaking down barriers*. Simon and Schuster.（土方奈美訳『サイロ・エフェクト　高度専門家社会の罠』文芸春秋 ,2016 年）

　このようなサイロ化の悪影響がウェルビーイング経営を推進する際にも立ちふさがることが予想されます。言い換えれば、組織がウェルビーイング経営を進めようとして、推進部門の担当者が専門性を高めれば高めるほど、ある種のサイロ化が起こり、かえって社内での浸透が難しくなってしまう、という問題が生じる可能性があります。

　この点について健康経営に積極的に取り組んでいる企業の中には部門横断型の推進体制を構築してこの問題に取り組もうとしている企業も多いと思います。しかし、部門横断型の体制づくりだけでこの問題を解決できるとは限りません。各部門が蓄積しようとする専門知識そのものがサイロ化の影響を受けているからです。本書で触れてきたとおり、ウェルビーイング経営の背景知識としては産業衛生の領域で蓄積されてきた健康や安全に関する知見と経営管理論で蓄積されてきたモチベーションやマネジメントの知見が含まれます。この両者は研究者のサイロ化の影響を受けて相互に独立して蓄積されてきました。そのためそれぞれのサイロの中では体系的な知見ではあるものの、相互の知見の交流は極めて難しいものとなっています。仮に、皆さんが健康経営を推進しようとして産業衛生の専門性を高めたとしても、経営学の専門知識を修めた人事部門の担当者や現場の管理者とコミュニケーションがスムースになるとは限りません。逆もしかりであり、人事や現場の管理者がＭＢＡに通って専門性を高めていても健康経営や産業衛生領域の専門知識を高めて帰ってくることはあまり期待できません。

　さらに心配なのは、専門性を高めることが一層連携することを阻んでしまうというような場合です。例えば、専門性が高いことで専門用語の多用につながり、専門外の方とのコミュニケーションが難しくなるということがあります。皆さんの会社で、産業衛生の専門家や推進部門の従業員とそれ以外の一般社員の間でコミュニケーションがうまく取れない、ということが起こっていないでしょうか。専門家は知識を正確に伝えたいという親切心、少なくとも誠実な思いで専門用語を使います。しかし専門用語は専門を異にする人にはかえって分りづらいと感じさせ、壁を作ってしまう可能性もあります（本

書で用いるカタカナの用語や専門用語もそうかもしれません）。そして一旦、コミュニケーションの壁が生じてしまうと適切な関係性を築くのが一層難しくなってしまいます。自らが専門性を高めることで周囲と溝ができてしまう可能性や危険性、異なる専門性を持つ人に対してより対立的になってしまう可能性や危険性があることについて、担当者は、より自覚的である必要があるでしょう。

11.3　リーダーシップへの幻想

　もう1つの車輪であるリーダーシップにも落とし穴があります。はじめに、リーダーシップのロマンスという考え方を紹介しましょう。リーダーシップのロマンスとは、組織内で生じた重要かつ因果関係の解明が難しい出来事（ウェルビーイング経営の成功や業績の向上）について、組織成員がその原因をすべてリーダーシップに帰属してしまうという現象です[117]。アップルが成功したのはジョブズのリーダーシップが素晴らしかったからである、とか、サッカー日本代表が成果を残せないのは監督のリーダーシップが悪いからである、というやや単純化した論調の中にもリーダーシップのロマンスは見出すことができるかもしれません。

　このような「なんでもリーダーのおかげ（せい）」という考え方は、別の角度から考えると危険なこともあるのではないでしょうか。組織の成果は、様々な要因の影響を受けた複雑な因果に基づいてもたらされています。確かにリーダーは最終的な成果目標に対する責任を負っているわけですから、リーダー自身の心構えとして成果が出る時も出ない時も本人がその責任が負おうとすることは当然かもしれません。しかし、フォロワーの側が、自分の組織が苦境にあえいでいる時にトップのリーダーシップの欠如を嘆いたり、新たなリーダーの到来を待ち望んだりしている「だけ」というのは問題です。

117　Meindl, J. R., Ehrlich, S. B., & Dukerich, J. M. (1985)" The romance of leadership." *Administrative science quarterly, 30*(1), 78-102.

　ウェルビーイング経営を推進するという文脈に引き寄せて考えれば、ウェルビーイング経営がうまく組織に浸透しない理由をトップのリーダーシップ不足のせいだと信じて疑わない推進担当者がいたら、その人はこの危険な状態に陥ってしまっている可能性があります。もちろん本書で繰り返し強調してきたとおり、トップのコミットメントやリーダーシップは重要で不可欠です。しかしそれだけでウェルビーイング経営が成り立たないのも本書で強調してきたとおりです。もし皆さんがそれなりの責任ある立場にあるのであれば、トップの理解をより多く引き出すためのリーダーシップを自分が発揮しているか、トップの理解を十二分に活用してリーダーシップを発揮できているかについて同時に考えてみてほしいと思います。そして自分が適切なリーダーシップを発揮していないという気づきがあった場合には、まずは自分がどのようなリーダーシップを発揮すべきなのかについて考えてみることが必要かもしれません。

11.4　四輪駆動で悪路をゆく

　ウェルビーイング経営を成し遂げるには険しい道を行く必要があります。ですから場合によっては自転車型のメタファーだけではこの悪路を乗り切ることはできません。そこで本書では、ウェルビーイング経営を推進するために推進担当者が身に着ける能力をさらに２つずつに分けてバギーのメタファーで説明していきたいと思います（図表 11 － 1 ）。

　バギーのメタファーでは、自転車の前輪と後輪に当たる専門知識とリーダーシップをそれぞれ２種類に分けて考えます。まず前輪にあたる専門知識は産業衛生の知識と経営学の知識の２つに分けて考えることが必要です。すでに述べたように、専門知識は他の専門への関心を下げてしまいます。しかしウェルビーイング経営では双方の知識をある程度の水準で使いこなすことが欠かせません。産業衛生ないしは健康に関わる専門知識だけでなく、経営学の人事やマネジメントの知識だけでもなく、双方の知識を身に付け、理解

し、活用することが求められるでしょう。

　次にリーダーシップとは自分がリーダーシップを発揮することと他者の
リーダーシップを引き出すことの2つに分けて考えることが必要です。まず
推進担当者はトップのコミットメントのもと、リーダーシップを発揮する必
要があります。施策を展開するプロセスでは、様々な部門の関係者から協力
を引き出すことが必要ですし、ラインの管理職の理解なしには実現できない
でしょう。施策を実施するだけでなく、施策を成功させるために推進担当者
自身がリーダーシップを発揮することは不可欠です。

　同時に、周囲のメンバーのリーダーシップを引き出すことも必要です。よ
り多くのコミットメントをトップから引き出すのもその1つかもしれませ
ん。また、同僚や関連部署のリーダーシップを引き出すこともその1つです。
取組みが大きくなればなるほど、推進担当者一人では「まわらなく」なります。
そういったことがある時には関連部署の方にリーダーシップを発揮してもら
う必要があります。施策を実施しているプロセスではメンバーが活動の中で
リーダーシップを発揮してチームを盛り上げてもらう必要があります[118]。

　このように推進担当者は自分がリーダーシップを発揮するだけでなく、他
人のリーダーシップを発揮させることを通じてはじめてウェルビーイング経
営を推進できるのだと思います。自分一人でしょい込んでも、周りに頼って
いるだけでも、ダメです。ここでも両輪が活用できているかどうかを確認し
ていただれればと思います。

---

[118]　このような専門家同志が協働するプロジェクトにおけるリーダーシップについてはシェア
　　ド・リーダーシップという考え方が参考になる。詳しくお知りになりたい方は石川淳 (2016)
　　『シェアド・リーダーシップ　チーム全員の影響力が職場を強くする』中央経済社、を参照され
　　たい。

【図表 11 － 1　　4 輪駆動で悪路をゆく際に求められるスキル】

11.5　まとめ

　本章ではまとめにかえてウェルビーイング経営を推進するための 4 つの車輪について紹介してきました。ウェルビーイング経営は単なる施策づくりではありません。施策を効果的に運用することで初めて実現する考え方です。そしてそのためには推進担当者には、異なる専門知識とリーダーシップをうまく活用することが求められています。皆さんは何輪走行をしていらっしゃったでしょうか。まさに四輪駆動で荒野を駆け抜けている途中だという方もいるかもしれません。もしかしたら一輪車だったという人もいるかもしれません。ウェルビーイング経営を推進するにあたってこの四輪駆動車のメタファーがヒントになることを祈ってやみません。

おわりに

ウェルビーイング経営を推進するには

　本書の目的は、ウェルビーイング経営という考え方とその取り組み方について紹介することです。とりわけ第Ⅲ部以降では、トップの理解を前提としながら、ウェルビーイング経営を組織全体に浸透させ、推進していくためにはどういうことを事前に検討する必要があるのか、その上でいかに取り組んでいくことが必要なのかについて紹介してきました。

　ウェルビーイング経営の源流となる健康経営では、健康経営を推進するキーワードとしてトップのコミットメントを掲げてきました。本書でも、トップのコミットメントをいかにすれば得られるのかについて検討すべきだと述べました。しかしトップのコミットメントだけで新しい経営の考え方が組織の隅々まで浸透するわけではありません。

　トップのコミットメントを得たウェルビーイングを重視する取組みが理解され、風土として、あるいは組織の従業員の共有された価値観として根付くようになるまでには、どのようなプロセスを歩む必要があるのでしょうか。そのプロセスで生じる問題にはどのようなものがあるのでしょうか。

　本書では、まさにその初めの第1歩にフォーカスを当て、「なぜ始めるのか」「何を事前に検討しておくべきか」「いかにして始めるべきか」についての現時点の考えを紹介させていただきました。そして、ほんの少しだけ、施策を展開し、根付かせるために重要そうだと分かったことについても第Ⅳ部で紹介させていただきました。

　トップのコミットメントは推進担当者のリーダーシップへと連鎖する必要があります。そして推進担当者のリーダーシップにより、様々な関連部署の

担当者のリーダーシップも引き出す必要があります。あわせて、ウェルビーイング経営のもとで生じた新しい期待が現場の管理職に伝えられ、役割認識として受け入れられる必要があります。また、組織に所属する従業員に対する期待についても少しずつ書き換えられていく必要があります。このような暗黙の了解の部分のすり合わせが起こり、浸透するまでには長い時間がかかります。しかし、それが成し遂げられて初めて風土なり共有された価値観が形成されるようになるのではないかと思います。

ウェルビーイング経営は優しい経営か

「はじめに」でも触れましたが、本書の最後で改めて「ウェルビーイング経営は社員に優しい経営か」について触れたいと思います。すでに述べたように、私はウェルビーイング経営は決して従業員を甘やかす経営ではないと考えています。

実は、この問いは私がウェルビーイング経営にまつわる一連の研究に携わるようになった 2015 年ごろから一貫して問うてきた疑問です。会社が従業員の健康に気遣う、社内にマッサージを受けられる施設をつくる、健康的な朝食をとることのできる設備を作る、と聞くと、「優しい会社」のような気がします。しかしそのような取組みは従業員にリターンを求めない無償の愛なのでしょうか。あるいは仮にそういった優しい会社があったとして、この厳しい経営環境で生き抜いていくことができるでしょうか。大企業の中には、企業に体力があり、その余力を使って従業員に見返りを求めないギフトを提供している、そういう企業もあるかもしれません。

私は企業のこのような取組みを決して悪いものとは思いません。しかし、そういった取組みであれば景気が悪くなったり、業績が悪化したりしたとたんに予算を削られてしまうではないでしょうか。体力のない中小企業では取り組むことのできない取組みだということになってしまわないでしょうか。健康経営について勉強を始めた当初で、十分な理解ができていなかった私に

は、このような一部の企業の取組みは、いまいちピンときませんでした。

　しかし、健康経営について詳しく調べてみると、どうも優しいだけの経営ではないようだということが分かってきました。単に組織が従業員の健康の面倒を見るというだけではなく、その健康を個人の成長、ひいては組織の成長にも結びつけていこうという取組みを行っている企業「も」あることが分かってきました。2015 年、第 1 回目の健康経営銘柄に選定されたロート製薬の取組みもそのような取組みのように思えました。

　「ロートの健康経営は社員に優しい経営なのでしょうか。」2016 年に H H H の会の第 1 回会合として開催したシンポジウムのパネルディスカッションでロート製薬の山田会長に私は尋ねました。山田会長のお答えをここで私の理解にもとづいておおまかにまとめれば、「優しいだけの会社ではダメだ。社員が成長する会社でなければならない」というような主旨の回答を得ることができました。私が理解している限りでは、ロート製薬はウェルビーイング経営に近しい考え方で健康経営に熱心に取り組まれている代表的企業です。そしてそのような会社をけん引する山田会長も、社員に優しくするだけの経営なのではなく、社員を成長させる経営として健康経営を捉えられているように感じました。

　また本書を執筆するプロセスでヒアリング調査を行った S C S K では、「結構大変なのですよ」という素朴な感想をお聞きすることもできました。S C S K は健康増進の取組みに先立って残業時間の削減に取り組んできました。そのため、就業時間中は効率的に仕事をしなければならない。またそれ以外にも健康習慣や自己啓発などの自己管理を強く期待されている。決して「甘やかされている」だけというわけではないようでした。むしろ従業員の自己管理に期待し、成長することを強く求めているようだということもわかってきました。これらを踏まえて最後に改めてウェルビーイング経営は優しい経営なのかという問いに答えたいと思います。

> ウェルビーイング経営は「優しい」経営である。しかしそれは好き放題に従業員を甘やかす経営のことではなく、期待を通じて従業員を育てる経営である。

　これが本書の最後でお伝えしたいメッセージです。ウェルビーイング経営を通じて従業員が育ち、組織の成長につながっていくことを願ってやみません。

謝　辞

　本書は筆者にとって初めての単著です。この1冊の本がまとめられるまでに、筆者は多くの方々に支えられてきました。

　まず筆者の学部と大学院の指導教員でありHHHの会でも主査を勤められた金井壽宏先生（神戸大学）に感謝したいと思います。先生との出会いがなければ研究者の道を志すこともなかったでしょうし、こうして著書を出版することもなかったでしょう。大学2年生の4月のあの日、六甲台の102教室で先生の講義を受けられた幸運と、その後長きにわたって受けた学恩に感謝したいと思います。

　次に、HHHの会という大変有意義な研究会に参加する機会をいただいた株式会社Ｂｅ＆Ｄｏ代表取締役の石見一女氏にも感謝したいと思います。ともすれば細かく観念的な議論に陥りがちな筆者に実務の観点から様々なアドバイスをいただきました。本書が実務に携わる皆様の役に立つ部分が少しでもあるとすれば、それは石見様との議論によるところが大きいと思います。

　また、本書を執筆するにあたって調査にご協力いただいた企業の皆様にも感謝したいと思います。特に第Ⅱ部で先進事例として取り上げさせていただいた株式会社フジクラではＣＨＯ補佐の浅野健一郎様に、また株式会社ＳＣＳＫでは人事グループライフサポート推進部長の篠原貴之様にヒアリング調査にご協力いただきました。第Ⅲ部で紹介させていただいた株式会社ＪＴＢベネフィットでは事業戦略室事業開発課の平松永氏に、鎌倉市役所では総務部職員課の落合孝志氏に、HHHの会における調査情報の開示をご許可いただいた上、追加的なヒアリング調査のアレンジにもご協力いただきました。またここでは全ての方のお名前を挙げることはできませんが、HHHの会にご参加いただいた企業の推進担当者の皆様、実証的取組みに参加いただいた皆さまにも感謝します。

　私事ではありますが、筆者を今日まで育ててくれた祖母香子、父恭生、母

郁子にも感謝したいと思います。時に4世代で集まって話せる時間が心休まるときであり、私にとって何よりのウェルビーイングの源です。

　最後に、武蔵大学から出版助成を受けたので感謝申し上げます。また、大幅に遅れる原稿をあたたかく見守ってくださった労働新聞社出版事業局の伊藤正和氏と宮嵜登子氏にも感謝いたします。

　2019年1月14日

　　　　　　　　　　　　　　　東京　小石川の自宅にて

　　　　　　　　　　　　　　　　　　　森永　雄太

PROFILE

森永　雄太（もりなが・ゆうた）

武蔵大学経済学部経営学科教授。
兵庫県宝塚市生まれ。神戸大学大学院経営学研究科博士後期課程修了。博士（経営学）。
専門は組織行動論、経営管理論。

著書は『日本のキャリア研究—専門技能とキャリア』（白桃書房）、『職場のポジティブメンタルヘルス—現場で活かせる最新理論』（誠信書房）、『産業と組織の心理学』（サイエンス社）等。

ウェルビーイング経営の考え方と進め方
健康経営の新展開

2019 年 2 月 4 日　初版
2022 年 7 月 28 日　初版 2 刷

著　　　者　森永 雄太
発 行 所　株式会社労働新聞社
　　　　　　〒 173-0022　東京都板橋区仲町 29-9
　　　　　　TEL：03-5926-6888（出版）　03-3956-3151（代表）
　　　　　　FAX：03-5926-3180（出版）　03-3956-1611（代表）
　　　　　　https://www.rodo.co.jp　　pub@rodo.co.jp
表　　　紙　オムロプリント株式会社
印　　　刷　アベイズム株式会社

ISBN 978-4-89761-733-6